財務省の秘密警察
~安倍首相が最も恐れた日本の闇~

元国税調査官
大村大次郎
Ohjiro Ohmura

かや書房

はじめに

日本の政界では２０２４年の暮れから、「年収の壁」という問題が大きくクローズアップされた。

年収の壁というのは、ざっくり言えば「課税最低限度額」のことである。これまでの税法では、サラリーマンの場合、１０３万円以上の所得があれば課税される可能性があった。国民民主党の玉木代表がこの課税最低限度額を引き上げ、低所得者層の課税額を引き下げようという提案をした。

ところが、この提案に財務省が即座に難色を示した。この課税最低限度額の引き上げにより、7兆円以上の減収になるというのだ。そして、自民党なども財務省の見解に追随した。

この財務省の動きというのは、実は異常なことなのである。

税制や財政を決めるのは国会であって、財務省ではない。本来、財務省は国会で決められたことを遂行するのが仕事であり、税制や財政に口を出す権利などはないのだ。

しかし、日本の財務省はなし崩し的に税制や財政に大きな権力を持つようになり、政治家は財務省が立てた方針に従うばかりとなっているのだ。

多くの国民は気づいていないが、日本の財務省というのは先進国ではあり得ないほどの巨大な権力を不法に保持している。詳細は本文に譲るが、予算を策定するだけではなく、国税庁、金融庁、公正取引委員会を事実上の傘下に置き、日本銀行、復興庁、日本郵政などにも強い影響力を持ち、国際機関であるOECD（経済協力開発機構）やIMF（国際通貨基金）の最高幹部クラスのポストも占有し続けている。

日本の財務省は、「国の会計係」という本来の役割を大きく逸脱し、日本の政治経済の事実上の支配者になっているのだ。

財務省の方針に異を唱えたり、財務省の力を削ぐような動きをしたりした政治家は、皆、失脚するという不思議なジンクスがある。

大蔵省（現財務省）を解体し、抜本的な官庁改革をしようとした橋本龍太郎元首相は、その改革の最中に日本歯科医師会からの不透明な政治献金が発覚し大スキャンダルとなり、最終的に政界からの引退を余儀なくされた。

財務省の消費税増税の方針に異を唱え、決定していた増税を二度も延期した安倍晋三元首相は、二度目の増税延期を決定した直後に、森友問題、加計問題が発覚し人気が凋落。それが　首相退任につながった。

国民民主党代表の玉木氏も、「年収の壁」について提議した直後に、不倫問題が発覚し、政治活動を一部制限させられることになった。

これらのスキャンダルは、すべて政治家自身の「身から出た錆《さび》」であることに間違いはない。しかし、不思議なのはそのタイミングである。これまでスキャンダルとは無縁だった政治家でも、財務省に異を唱えた直後にスキャンダルが発覚することが多いのだ。

ところで、財務省は〝秘密警察〟ともいえるような捜査機関を持っている。合法的に、国民の生活パターン、交友関係、資産の全貌などを調査することができ、見方によっては、警察よりも強い国家権力と、機動力を持っているのだ。この秘密警察を使えば、誰のスキャンダルでも容易に掴むことができる。

財務省のこの〝秘密警察〟は、現代日本の暗部を象徴するものでもある。

本書では、この「現代日本の暗部」について筆者に知り得る限りの情報をつまびらかにしたいと思っている。

はじめに

財務省の秘密警察
～安倍首相が最も恐れた日本の闇～

目次

第2章　安倍首相と財務省の死闘

第3章

国民を監視する財務省の〝秘密警察〟

加計学園問題
森友、加計問題で財務省の思う壺になった
なぜか朝日新聞だけが森友、加計問題のリーク記事を連発
時系列で見た消費税とモリカケ問題

財務省の秘密兵器「国税庁」
国税庁とは？
国税庁の持つ「税務調査権」とは？
税務調査はどのように行われるか？
抜き打ち調査とは？
全国の取引を監視する国税の情報網
税務署は脱税していなくても会社を潰すことができる
全国の銀行が国税庁にデータを提供する
国税は違法な方法で金融資産をチェックしている
被疑者でなくても尾行などができる
全国に5万人いる財務省のスパイ
国税調査官は日々スパイ活動をしている
国税調査官たちは何をモチベーションにしているのか？

おわりに

装丁●富田晃司
写真●岩本幸太
帯イラスト●中村礼大

第1章
首相や国会よりも強い財務省

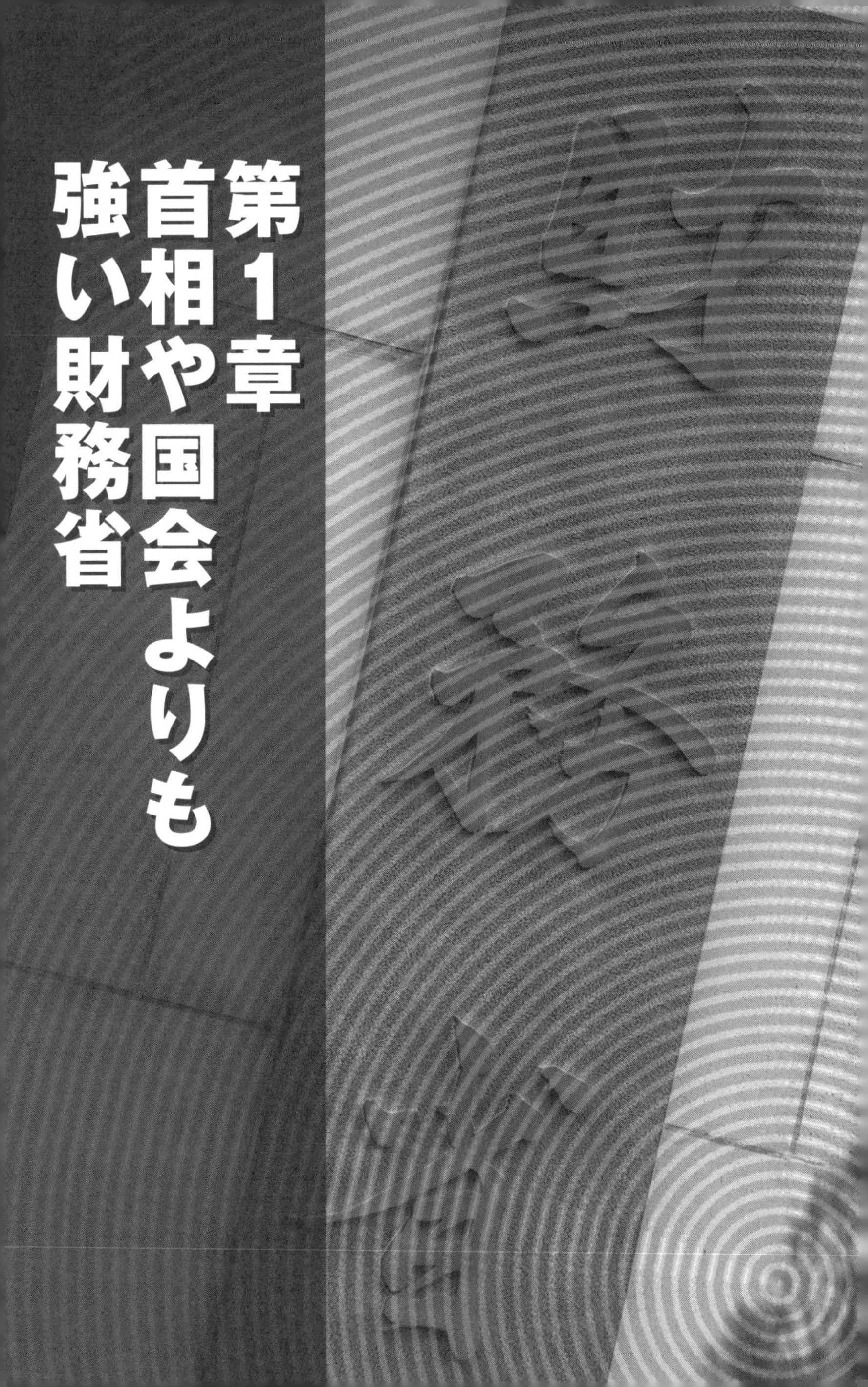

平成以降、日本人の賃金を上げたのは安倍首相だけ

安倍元首相は、毀誉褒貶《きよほうへん》の激しい人物である。

安倍元首相のことを英雄のように崇めたてる人もいれば、国賊よばわりする人もいる。

筆者は、どう考えているかというと、安倍元首相は、統一教会の問題や森友問題に見られるように、世襲政治家特有の非常に脇の甘い人物だったと思う。

そもそも、日本は世襲政治家が多すぎであり、安倍元首相などは典型的な世襲政治家である。国家の重要な職務が世襲化されてしまうというのは、優秀な人材が弾かれてしまうことでもあり、国をよくする方向には向かわない。

太古から国家というのは、指導層の世襲化が進めば衰退に向かう。それを考えれば、安倍元首相はその存在自体があまりよろしくないとさえいえる。

また安倍首相は、利権関係でも清廉潔白な人物ではなく、脇の甘い政治家でもあった。彼が首相になった期間、地元の山口県では巨額の国家公共事業が行われた。統一教会との

親密な関係も、政治家として非常に残念なところである。

欠点を挙げようと思えばほかにもたくさんあるが、それでも安倍元首相は、近年の首相の中では傑出して優れていたといえる。あくまで「近年の首相の中では」という注釈付きではあるが……。

というのも、近年の首相というのは、まともな経済政策、外交政策を行った人物は一人もいないからだ。バブル崩壊以降、安倍元首相以外のすべての首相は、「霞が関の言いなり」か「ピントがまったく外れた政治思想」の者しかいなかった。それが、失われた平成の30年をもたらした大きな要因である。

が、安倍元首相は、それらのポンコツ首相とは一線を画していた。

安倍政権の政策で、まず特筆すべきなのは「賃上げ」だといえる。

あまり語られることはないが、安倍政権（第二次）というのは、この30年間で初めて賃金を上昇に転じさせた政権なのだ。

１９９０年代後半から２０２０年代にかけての約30年、日本の賃金はほぼ一貫して下がり続けてきた。

サラリーマンの平均賃金を見ていくと、平成９年の橋本政権時代の４６７万３千円をピークに、平成21年の麻生政権のときには405万円にまで下がってしまった。

なんと10％以上も下がったのだ。その後、民主党政権になってもほぼ横ばいであり、賃上げの傾向は見られなかった。

が、安倍政権（第二次）に変わった平成25年から明確に賃上げ傾向になったのだ。

最近の平均賃金の推移

平成11（1999）年	自民党・小渕政権	461万3千円
平成12（2000）年	自民党・森政権	461万円
平成13（2001）年	自民党・小泉政権	454万円
平成14（2002）年	自民党・小泉政権	447万8千円
平成15（2003）年	自民党・小泉政権	443万9千円
平成16（2004）年	自民党・小泉政権	438万8千円
平成17（2005）年	自民党・小泉政権	436万8千円
平成18（2006）年	自民党・小泉政権	434万9千円

平成19（２００７）年	自民党・第一次安倍政権	４３７万２千円
平成20（２００８）年	自民党・福田政権	４２９万６千円
平成21（２００９）年	自民党・麻生政権	４０５万９千円
平成22（２０１０）年	民主党・政権	４１２万円
平成23（２０１１）年	民主党・政権	４０９万円
平成24（２０１２）年	民主党・政権	４０８万円
平成25（２０１３）年	第二次安倍政権	４１３万６千円
平成26（２０１４）年	←	４１５万円
平成27（２０１５）年	←	４２０万４千円
平成28（２０１６）年	←	４２１万６千円
平成29（２０１７）年	←	４３２万２千円
平成30（２０１８）年	←	４４０万７千円

（国税庁・民間給与実態調査より）

なぜ安倍政権になってから賃金が上がったのかというと、安倍首相が明確に「賃上げ」

の方針を打ち出したからだ。

そして、財界に賃上げを働きかけたのだ。

それまでの政権は、賃金に関して財界に働きかけたりはしなかった。賃金というのは、各企業と労働者の交渉で決められるという建前になっており、政府が口を出すことではないというのが、それまでの一般的な考えだった。

また小泉政権などは、経済政策を担当していた竹中平蔵氏が明確に「企業は賃金を下げ配当を増やすべし」という方針を持っていたので、財界はここぞとばかりに賃金を下げたのだ。

小泉政権の時代には、史上最長の好景気期間というものがあった。２００２年２月から２００８年２月までの73カ月間、日本は史上最長の景気拡大期間（好景気）を記録していたのだ。この間に、史上最高収益を記録した企業もたくさんある。トヨタなども、この時期に史上最高収益を更新している。

しかし小泉内閣の経済政策の影響で、この期間もサラリーマンの賃金は下がり続けたのだ。

その傾向は、民主党政権になっても変わらなかった。

民主党が政権を獲った２００９年というのは、リーマンショックの直後であり、しかも2年後の２０１１年には東日本大震災が起きたために、賃金がなかなか上がらなかったという面もある。

が、民主党は労働組合を支持基盤に持っているので、明確な賃上げ方針を打ち出せば賃上げができないはずはなかったのだ。バブル崩壊以降、日本経済はほぼ一貫して賃金が下げられてきたので、民主党政権はその流れを止められなかったということがいえる。

安倍政権（第二次）とて、東日本大震災から2年目に始まっており、民主党政権と状況はそれほど変わらなかった。

しかし安倍政権（第二次）に変わった途端に賃金が上がったというのは、民主党が賃上げの努力をしていなかったと見られても仕方がないところである。

逆に言えば、安倍政権は賃上げの努力をしたということだ

この点は、もっと評価されてもいいところだろう。

安倍政権で貧困層が減った

また安倍政権は、貧困層も若干ではあるが減らしている。

低所得者の増減についてデータを見てみたい。低所得者の定義というのは難しいものがあるが、ここでは年収300万円以下ということにする。現在の日本では年収300万円以下では、結婚や子育てなどがかなり厳しくなるからだ。

安倍政権前後の年収300万円以下のサラリーマンの推移は次のようになっている。

平成11（1999）年	小渕政権	1491万人	33・2％
平成16（2004）年	小泉政権	1666万人	37・5％
平成21（2009）年	麻生政権	1890万人	42・0％
平成24（2012）年	民主党政権	1870万人	41・0％

平成25（２０１３）年　安倍政権　１９０２万人　40・９％
平成27（２０１５）年　←　１９１１万人　39・９％
平成29（２０１７）年　←　１８６６万人　37・７％
平成30（２０１８）年　←　１８６０万人　37・０％

これを見ると、サラリーマンの平均年収とほぼ似たような動きになっていることがわかる。

この20年、日本では年収３００万円以下の低所得者層は増加し続け、民主党政権では横ばいとなり、安倍政権（第二次）になって減り始めたということである。

こうして見ると、アベノミクスでは我々庶民もそれなりに恩恵を受けているといえる。

※ただし、それは「それまでの政権に比べれば」の話なのだ。この20年間で賃金が下がり、低所得者層が増えたという流れの中で、アベノミクスはその流れを若干、引き戻したというレベルに過ぎないことを知っておいていただきたい。

安倍元首相の最大の功績は財務省と戦ったこと

安倍元首相の功績はほかにもある。

安倍政権は、銀行業界の抵抗を抑えて異次元金融緩和や低金利政策をし続けた。低金利政策というのは、実は政権にとって非常に大変なことなのである。金利（政策金利）というのは、原則としては日銀が決めることになっている。だから低金利政策にするかどうかというのも、本来は日銀が決めることなのである。

低金利政策が続くと民間銀行はなかなか儲けを得ることができないので、銀行業界は低金利政策に反発する。日銀は、銀行業界の総元締め的な存在であり、民間銀行の意向を無視することはできない。

そのため、政府が低金利政策を示唆しても、日銀がそれに応じなければ実行できないのだ。

しかし安倍元首相は、日銀に対して低金利を強く誘導し、低金利政策を続けた。

たとえば、アメリカのトランプ大統領が、最初の政権時にアメリカの銀行業界をなかなか押さえられず、金利が思うように下がらないので、銀行の悪口をたびたびツイートしていたことがあった。アメリカの大統領でさえ、銀行の金利を動かすことは容易ではなかったのだ。これを見ても、安倍首相が銀行を押さえ込んだというのは、相当の政治能力があったといえるだろう。

また安倍元首相は、アメリカのトランプ大統領からも、ロシアのプーチン大統領からも、中国の習近平国家主席からも、大きな信頼を得るという外交的な離れ技をやってのけた。安倍元首相は、これまでの政権が変えることのできなかった「日本社会の悪い流れ」を変えようとした政治家だったと筆者は思う。

が、安倍元首相の最大の政治的功績は、財務省に戦いを挑み、一時的とはいえ勝利を得たことである。安倍元首相と財務省は、国民の見えないところで死闘ともいえるような暗闘を繰り広げた。それは、平成以降の首相では誰もできなかったことなのである。

財務省は国民が思っているよりはるかに巨大な権力を持っている

安倍元首相が財務省に戦いを挑んだ、などと述べると、何をバカなことを言っているんだと思う人もいるだろう。

首相というのは、日本の最高権力者である。

一方、財務省は、官庁の一つに過ぎず、首相の指揮権下に置かれている。

普通に考えれば、首相は財務省の上官になるのだから、上官が部下に戦いを挑むなどという構図はあり得ないだろう。

しかし、実は日本の財務省は、異常に権力が肥大化しており、実質的に日本の政治経済を支配しているのだ。

「いや、日本の政治は国会議員や内閣が行っているものであり、財務省に決定権はないだろう」

と反論する人もいるだろう。

しかし、「日本の政治は国会議員や内閣が行っているもの」というのは、単なる建前で、日本の政治経済は事実上、財務省に握られているのだ。

現在の日本では国家権力の大半が財務省に集中している。

国家には、二つの大きな権力がある。

それは「予算策定権」と、「徴税権」である。

国家というのは、財政予算がないと運営できない。軍事にしろ、外交にしろ、内政にしろ、財政予算があってのことである。それは、古代国家でも現代国家でも同様だ。国家というのは、財政予算があって初めて成立するものである。

また国家予算というのは、その国の経済においてもっとも大きな金額を占めている。国家予算は、国の経済において最大のインパクトを持っているのだ。

この国家予算を確保するためには、徴税しなければならない。徴税権を持っているからこそ、国家というのは、存在しうるのだ。

だから、税金を集める「徴税権」と、その税金の使途を決める「予算策定権」というのは、国家の二大権力といえる。

財務省は、この国家の二大権力を二つとも持っている。

予算は国会が決めるという建前になっているが、政治家は細かい数字はわからないので、現実的に予算を握っているのは財務省なのだ。

国家予算というのは、国家権力の源泉であり、それを握っているということは、相当のパワーを持っていることになる。それに加えて税金を徴収する「徴税権」も握っているのだ。

このような巨大な権力を持つ省庁は、先進国ではあまり例がない。近代国家では、予算策定権と徴税権は、別々の官庁が持つことが多いのだ。

日本でも、表向きは「財務省と国税庁は別の組織」という建前になっている。しかし、国税庁長官をはじめ国税庁の幹部は、すべて財務省官僚が占めており、国税庁は完全に財務省の支配下にある。

しかも、財務省が持っている権力はそれだけではない。

金融業界を指揮監督する「金融庁」も財務省の支配下にある。金融庁の幹部もまた財務省に占められているのだ。

日本の商取引の全体を監視する「公正取引委員会」も、同様に財務省の支配下にある。

さらに、日本銀行の総裁の椅子も定期的に財務省出身者に回ってくる。

また総理秘書官の中でもっとも重要なポストである筆頭秘書官は、財務省の指定席になっている。筆頭秘書官は、総理に四六時中付き添って、政策のアドバイスを行う職務である。そのため歴代の総理は、どうしても財務省寄りの考えになっていたのだ。

官邸の司令塔的役割の官房副長官補も、財務省からの出向者となっている。重要閣僚の秘書官など、すべての重要ポストは財務省が握っているのだ。

また国家公務員の人事を仕切っているのは、財務省主計局給与共済課（給料関係）、人事院給与局給与第二課（各省庁の人事）、総務省の三つの組織であり、このうち、財務省主計局給与共済課、人事院給与局給与第二課の二つは、すべて財務省が握っている。

一国の政治経済において、これほど一つの省庁に権力が集中している例は、世界を見渡しても日本しかない。財務省の強大な権力というのは、世界的に見て異常な状態なのである。

しかも財務省は国際機関であるＯＥＣＤの事務方トップである事務次官も、２０１１年以来、独占しつづけており、ＩＭＦ（国際通貨基金）の幹部である副専務理事も5期連続28年にわたって財務省出身者が占めている。

何度も言うが日本の政治経済は、財務省に支配されているといっても過言ではないのだ。

しかも財務省がこれほど大きな権力を持っていることは、法律でそう決められているわけではない。

建前の上では、各省庁は各々が独立した機関であり、一つの省庁がほかの省庁を支配するようなことは、あってはならないことになっている。

近代国家の官庁というのは、国家権力が集中しないようにいくつのも省庁に分かれているのだ。

しかし、現在の財務省は、この「権力分散の法則」のまったく逆を行っている。

財務省は、ほかの省庁との力関係を背景にして、出向などの名目で職員を各省庁に送り込み、幹部ポストを独占していくことで実質的に支配するようになったのだ。

それが、時を経るごとに膨れ上がり、今では日本の官庁全体を実質的に支配するようになったのだ。つまり、財務省は巨大な国家権力を「不法占拠」しているのである。

なぜ財務省の権力が肥大化したのか？

本来、財務省というのは、国の「会計係」に過ぎない。

会計係というのは、お金の出し入れをチェックするだけである。

予算を決めるのは政治家の仕事であり、財務省は決められた予算を管理するだけの業務なのだ。

が、日本の財務省の場合、事実上「予算を決める仕事」もしている。これは、先進国としては、異常な状態である。先進国の中で、日本のように財務省が強いパワーを持っている国はない。

日本の場合、ある特有の事情により、財務省（旧大蔵省）が実質的に「予算を決める仕事」までも行うことになったのだ。

実は財務省は、昔から大きな力を持っていたわけではない。

戦前は、内務省という官庁が圧倒的に強い力を持っていたし、もちろん軍部も力が強かったので、財務省は３番手、４番手程度の官庁に過ぎなかった。

しかし、日本国憲法の「ある規定」のために財務省（旧大蔵省）の権力が、異常に膨張してしまったのだ。

日本の憲法では、「国の予算には国会の承認が必要である」とされている。そして、国会では、予算の隅から隅まで検討することになっている。

実は、このルールが、財務省の存在を非常に大きくしてしまっているのだ。

戦前はそうではなかった。

戦前も、一応、国の予算は帝国議会の承認を得る必要があった。が、各省庁の経常費用については自動的に認められることになっていたのだ。だから、各省庁は、「何か特別な支出が必要なときだけ」、帝国議会に承認を求めればよかったのだ。

が、戦後の憲法では、予算はすべて国会の承認が必要ということになった。だから、省庁は、毎年かかる費用をすべて一から算出し、内閣がそれを精査した上で、国会に提出されることになったのだ。

が、内閣も国会も、政治家で構成されており、政治家というのは、予算の細かい内容まではわからない。必然的に、各省庁の予算を精査するのは、大蔵省（現財務省）の仕事となった。

つまりは、大蔵省が各省庁の予算計画を精査し、「これはよし」「これはだめ」などと指示するようになったのだ。そのうち、

「大蔵省以外は省庁ではない」

とさえ言われるようになったのだ。

高度成長により大蔵省の存在がさらに大きくなる

このように、強大なパワーを持ってしまった大蔵省だが、高度成長期において、さらにそれが膨張することになる。

高度成長期というのは、日本経済が爆発的に成長していた時期である。必然的に、税収もうなぎ登りに増加した。予算をはるかに超える税収が入ってくるので、毎年のように減税が行われていた。

このとき、国には自由に使えるお金がふんだんにあった。そのお金の配分も、財務省が中心になって行うようになったのだ。

「大きなお金を動かす」

ということは、必然的に大きな権力が生じる。政治的な発言力も強くなる。各省庁の幹部たちや、地方の首長、民間企業の経営者など、日本中のあらゆる分野のリーダーたちが、財務省に頭を下げるようになった。

このようにして財務省（旧大蔵省）の存在は、日本の高度成長とともに急激に肥大化した。旧大蔵省が公正取引委員会を支配下に置いたのも、高度成長期のころである。

公正取引委員会は、戦後につくられた機関であり、最高ポストの委員長には、当初は銀行出身者や裁判官が就いていた。が、昭和33（1958）年に大蔵事務次官だった長沼弘毅氏が就いて以来、ほぼ大蔵省出身者が独占するポストとなった。昭和52（1977）年から大蔵省が解体される平成8（1996）年までは大蔵省出身者で占められた。大蔵省解体時に一時的に検察出身者が委員長に就任したが、財務省発足後の平成14（2002）年以降は、現在まで完全に、財務省出身者のポストになっている。

また財務省キャリア官僚は、公正取引委員会のNO・2のポストである事務総長にもたびたび就いており、財務省職員が公正取引委員会に出向して、幹部ポストに就くことが慣例化している。公正取引委員会は完全に財務省の支配下にあるといえるのだ。

公正取引委員会というのは、「独占禁止法」などが遵守されているかどうかを監視し、指導や摘発をすることが主な役目である。

「独占禁止法」は、経済の憲法ともいわれるもので、カルテルや談合の禁止のほか、不当な価格操作、抱き合わせ販売、優越的地位の濫用などが禁止されている。公正取引委員会は、それらの禁止事項に違反していないかを監視する役目を担っている。

つまり、公正取引委員会は「経済の警察官」ともいえる重要な存在なのである。

国家予算を司る財務省が、経済の警察官である公正取引委員会を支配下に置くことは、当然のことながら、「権力が肥大化しすぎ」である。

もちろん様々な弊害が生じている。

公正取引委員会の重要な役目は、大企業など力の強い立場の者が、中小企業や請負業者などに不当な圧力を加えないようにチェックすることである。しかし、このチェック機能が日本ではまったく働いていないのだ。

日本では、大企業と中小企業では、収益率や賃金に大きな差がある。それは日本の大企業は下請け企業への報酬を買い叩くなどして、不当に利益を吸い上げていることが大きな要因となっている。

なぜそういうことが日本で許されているかというと、財務省幹部のほぼ全員が、大企業に天下りするため、大企業に対する監視がほとんどされていないためなのだ。

財務省は国家権力を〝不法占拠〟している

日本の財務省のような強大な権力を持っている省庁は、世界的にも類がない。

世界の近代国家、民主主義国家は、権力分散を理念としてきた。それは、権力が集中すると腐敗が絶対に起きるからである。だから「権力は分散した上で常に監視するべき」というのが、現代の民主主義国家の基本でもある。

財務省は、この民主主義の理念の完全に逆を行っている。

国家権力は財務省に集中され、それをまともに監視する仕組みがないのだ。

財務省の官僚たちも、自分たちの権力が民主主義の逆を行っているということは承知している。だから表向きは、「財務省がほかの省庁を支配していることなどない」ということになっているのだ。

たとえば、財務省は表向きは、「財務省と国税庁はまったく別個の省庁だ」ということにしている。

世界の多くの国では、予算の策定をする官庁と、税の徴収をする官庁は、別個のものになっている。両方を一つの官庁が兼ねると、恐ろしく強大な国家権力になってしまうからである。

予算の配分を止めたり、税務調査をチラつかせたりすれば、どんな人やどんな企業でも言うことを聞かざるを得なくなってしまう。そんな強力な国家権力を、一つの官庁が持つのは危ないということで、別個の官庁になっているのだ。

そのために日本でも、予算の策定は財務省、徴税は国税庁というように別個の官庁がつくられているのだ。そして、建前上では、財務省と国税庁は別個の機関であり、健全な緊張関係にある、ということになっている。

しかし、国税庁長官のポストは、財務省キャリア官僚の指定席であり、国税庁の最高幹部のポストはことごとく財務省キャリア官僚に占められている。

このポスト支配も、「財務省官僚が国税庁の幹部ポストに就く」というような法律が定められているわけではない。財務官僚たちが勝手になしくずしに、出向という形で国税庁の主要ポストに就いているのだ。

もし、国税庁が財務省の管轄下に置かれれば、社会から当然「それはおかしいんじゃないか」という声が出るはずだ。しかし、財務省は建前の上では、別個の組織ということにしておいて、出向して「ポストを占めること」で事実上、国税庁を支配しているのだ。

そして、これと同様の方法で、金融庁や公正取引委員会までも支配しているのである。

つまり、財務省は正規の方法で権力を持っているのではなく、法律の抜け穴を衝いて、自分たちの権力を拡大しているのだ。

大蔵省解体の原因「ノーパンしゃぶしゃぶ事件」とは?

大蔵省の横暴はバブル期には頂点に達した。

旧大蔵省は、バブル期に大きな問題を起こす。いわゆる「ノーパンしゃぶしゃぶ事件」である。

この事件は大蔵省の中にある「証券取引等監視委員会」の職員などが、銀行の担当者から過剰な接待を受けていたものだ。

大蔵省職員は、銀行に検査日を教えるなど内部情報の流出行為までしており、収賄罪で現役の大蔵官僚４人が逮捕されるに至った。

第一勧業銀行が総会屋に多額の利益供与をした事件において、大蔵省の検査が甘かったことから、東京地検特捜部が大蔵省の捜査をしたことで発覚したのだった。

この汚職事件は、接待の場所として当時流行していた「ノーパンしゃぶしゃぶ」が利用されたことから「ノーパンしゃぶしゃぶ事件」と呼ばれるようになったのだ。

ノーパンしゃぶしゃぶというのは、主に新宿歌舞伎町の楼蘭というしゃぶしゃぶ料理店で行われていたもので、女性店員が下着をつけないまま料理を運ぶという風俗店まがいのサービスだった（当時は、あくまで「飲食店」という扱いだった）。

事件の内容もさることながら、「ノーパンしゃぶしゃぶ」という舞台の特異さもあり、メディアは連日、面白おかしく報じた。

当然、世間では大蔵省批判が吹き荒れることになった。

このノーパンしゃぶしゃぶ事件の少し前にも、「官官接待」などが明るみに出て、大蔵省は世間から批判されていたばかりだった。官官接待というのは、地方自治体の役人が、より多くの予算配分を受けるために、大蔵省などの中央省庁の役人を接待するというものだった。

そこに追い打ちをかけるように「ノーパンしゃぶしゃぶ事件」が発覚したため、国民の間で「大蔵省はとんでもない役所だ」という意識が高まった。

そして、この「ノーパンしゃぶしゃぶ事件」が契機になって、大蔵省は解体されることになった。

橋本龍太郎氏は大蔵省に戦いを挑んで敗れた

大蔵省解体、省庁再編を主導的に推し進めたのは橋本龍太郎元首相である。

橋本龍太郎氏は、安倍晋三氏と非常によく似た経緯で、大蔵省に戦いを挑み、そして敗れた人でもある。

橋本龍太郎氏は、父親の龍伍氏も厚生大臣も務めた衆議院議員であり、父の後を継いで政治家になった2世議員である。当選5回目にして厚生大臣に就任し、その後も要職を歴任した政界のサラブレットだった。

平成８（１９９６）年には、首相の座に就いた。橋本氏が首相に就いている間に、消費税の税率が３％から５％に引き上げられた。この税率アップは、前任の村山内閣の時代に決まっていたことだが、橋本氏は消費税率の引き上げを後々まで後悔したという。

橋本氏は、官僚主導の日本政治を変えることに非常に情熱を傾けた首相でもあった。行政改革を重要な政治課題に掲げ、「火だるまになっても行政改革を成し遂げる」と宣言した。

行政改革というのは、つまりは肥大化しすぎた官僚の権限を分割、縮小し、本来の形である内閣主導の行政に戻すということである。

本来、行政というものは、内閣が方針を決定し、省庁はそれに従って実務を行うということになっている。しかし、省庁（特に大蔵省）の権限がなし崩し的に肥大化し、省庁が主導となり、内閣はそれを追認するだけというような形になっていた。それを修正するというのが、橋本氏の大テーマだったのだ。

この行政改革を成し遂げるために「火だるまになる」という発言は、それだけ官僚側の抵抗が強いということを表している。大蔵省をはじめとする省庁は、この時点ですでに強大な権力を持っており、内閣総理大臣であっても迂闊《うかつ》に手を付けられない状態になってしまっていたのだ。

そういう状況の中でも、橋本氏は果敢に行政改革に取り組もうとした。

平成10（1998）年には、大蔵省から金融監督分野を切り離し、新たに金融庁を創設した。ノーパンしゃぶしゃぶ事件に見られるように、大蔵省は「金融機関を監督する」という立場を悪用し、銀行などから手厚い接待を受けていた。世間の強い批判を追い風に、橋本首相は、大蔵省の金融監督権を切り離そうとしたわけである。

しかし消費税の税率アップなどで景気が減速すると支持率が急落し、同平成10（1998）年に首相を退いた。

看板をすげ替えただけの大蔵省解体

平成13（2001）年、世間の大蔵省批判などを鑑み、「中央省庁再編」が行われた。首相の座から退いていた橋本龍太郎氏は、それに先だち平成12（2000）年には行政改革担当大臣に就き、首相時代に自分が進めていた省庁再編をやり遂げたのだ。

この中央省庁再編は、省庁を統廃合し、各省庁の大きくなりすぎた権限を縮小させ、官庁主導だった行政を政治主導に転換するという目的があった。

そして、この中央省庁再編の最大の目玉は、「大蔵省の解体」だった。

金融庁という官庁を新たに設置し、大蔵省の重要な権限の一つだった「金融機関の監視」を取り上げ、金融庁に引き継がせた。しかも、古代から使われてきた「大蔵省」という名称を廃止し、「財務省」に改めたのだ。

しかし、この中央省庁再編は、単なる看板のすげ替えに過ぎなかった。

というのも、新たに金融庁をつくり、財務省と切り離したというものの、初代の日野正晴氏こそ検察庁出身だったが、金融庁の長官は、２代目以降現在に至るまですべて旧大蔵省出身のキャリア官僚で占められているのだ。しかも初代・日野正晴氏の金融庁長官在任期間はわずか半年だったのだ。

つまりは、最初だけ切り離したフリをして、すぐに財務官僚の手に戻したのである。

こんな見え透いた手に、よく政治家は騙されたものである。省庁再編の目玉だった大蔵省の「金融監督権」の切り離しは、一瞬でまったく有名無実のものとなったのだ。

政治家としても、大蔵省の持つ強大な権限は削りたかったはずである。なのに、なぜまったく削ることができなかったのか？

それは、政治家が実務に疎いからである。日本の国会議員は、予算の策定、国会運営などの実務は、大蔵官僚に任せきりなのだ。国会議員は、日頃はたいそうな理想を語ったりするが、現実の政治は大蔵官僚がいないと、まったく国を動かせないのである。

大蔵官僚に厳しいことをしようとすると、政治の実務に協力してくれなくなるので、政治家としては最終的には大蔵官僚のいうことを聞かざるを得なくなるのだ。

なんとも情けない話である。

だから財務省は、大蔵省の持っていた巨大な権限をほぼ無傷で引き継いだのである。しかも財務省は「金融監督権」よりも、もっと巨大で凶悪な権力である「徴税権」についても、何の損傷もなく引き継ぐことができたのだ。

橋本龍太郎氏の失脚

橋本龍太郎氏が「火だるまになる覚悟」で臨んだ省庁再編から、わずか3年後の平成16（2004）年、「日歯連闇献金事件」が発覚した。

日歯連闇献金事件というのは、日本歯科医師連盟が自民党に献金し、それが収支報告書に記載されておらず、政治資金規正法違反に問われたものである。この日歯連からの献金を受け取ったのが、橋本龍太郎を領袖《りょうしゅう》とする橋本派であり、橋本氏自身も受け渡しの場所に同席していた。

この事件では、橋本龍太郎氏は不起訴となったが、政治責任を取るために橋本派会長を辞任した上、最終的に政界引退に追い込まれた。

まさに「火だるま」になってしまったのだ。

橋本龍太郎氏が、日本歯科医師連盟から1億円の献金を受けていたこと、その献金を橋本派の収支報告書に記載していなかったことは、非常に由々しきことであり、批判されて当然である。

が、筆者が疑問に思うのは、その発覚の時期である。

日本歯科医師連盟は、自民党と古くから密接な関係にあり、日本歯科医師連盟の歯科医師が自民党から立候補して国会議員になるのが慣例となっていた。当然、日本歯科医師連盟からの献金も長年行われてきたわけで、その中には収支報告書に記載されていないものもあったのではないかと推測される。1億円もの金を急に不記載にするということは、考えられないからだ。

またこの手の闇献金というのは、通常はなかなか発覚しないものである。というのも、献金した側も受け取った側も、バレたらまずいので、お互い隠すものである。また被害者もいないことから、内部リークされることもないのだ。

日頃から国民のお金の出し入れを監視するなどしていないと見つけられるものではないのである。では、日頃から国民のお金の出し入れを監視している機関などはあるだろうか？

実は一つだけあるのだ。

それが財務省の秘密警察なのである。

第2章 安倍首相と財務省の死闘

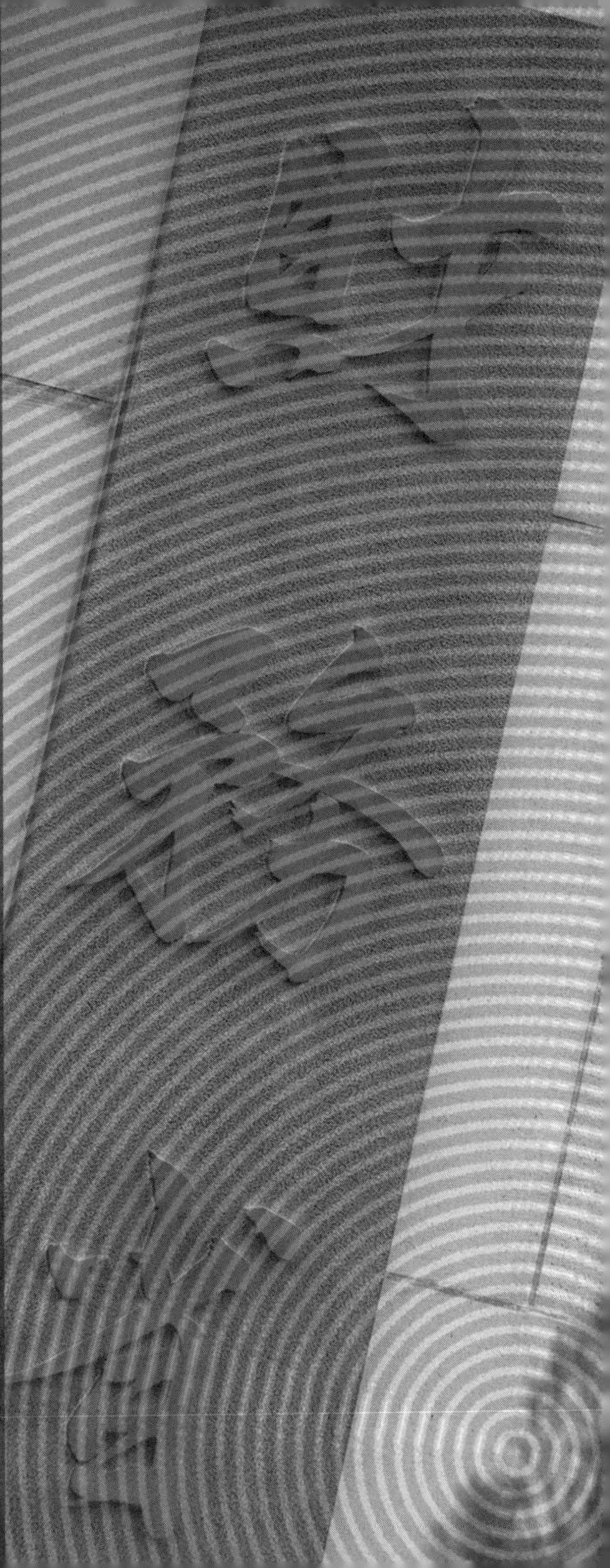

2度も財務省に異を唱えた安倍首相

橋本龍太郎氏が政権の座から引きずりおろされ、悲惨な晩年を迎えて以降、財務省に逆らう政治家はいなくなってしまった。

が、2010年代になって財務省に戦いを挑む首相が出てきた。

それが安倍首相である。

安倍首相は、最初から財務省と敵対していたわけではない。首相になった当初は、ほかの首相と同様に財務省の言いなりになっていたのだ。

安倍首相は、2006年から2007年までの1年間、首相を務めた後、一旦退任し、2012年に再度首相の座に就いている。

この第二次安倍内閣の政策の目玉はアベノミクスだった。異次元の金融緩和を実施し、株価が急上昇し、一時的に日本経済が上向きになった。

が、その直後の2014年に、消費税の税率を5%から8%に引き上げた。これは、前内閣の民主党野田政権が決定していた事項なのだが、この消費税率アップの影響で、景気は冷え込んでしまった。

これを見た安倍首相は、次の消費税アップを引き延ばすことを決めた。

民主党野田政権の時代に、消費税は２０１４年に５％から８％に、翌２０１５年にはさらに10％にまで引き上げられることが、すでに決定していた。この２０１５年に予定されていた税率アップを、安倍首相は１年半延期したのである。

そして、その是非を国民に問うとして、総選挙を実施した。

「消費税の増税を先延ばしします。国民の皆さんにその是非を問います」

と言って総選挙をすれば、大勝するのは当たり前である。国民の大半は、消費税の増税など望んでいないからである。

案の定、当時の自民党は大勝し、安倍首相は、安定政権の礎を築くことができた。

言ってみれば、安倍首相は、勝って当たり前の戦いを行い、もくろみ通りの大勝を収めたのである。これが戦略というのなら、これほど確実な勝利をもたらす戦略はないといえる。

逆に言えば、これまでの首相たちは、なぜこれをやらなかったのか、ということである。

平成以降の首相たちは、財務省の誘導通りに消費税を導入し、税率を引き上げてきた。しかもそのたびに支持率を下げてしまった。

安倍首相のように、「俺は消費税の増税はしない。国民に信を問う」と言えば、絶対に選挙で大勝できたはずなのに、である。

歴代の首相たちが、消費税増税に反抗できなかったのは、財務省が怖かったからである。財務省の意向に逆らうと、必ずや報復され政権が転覆してしまう。それが怖いために、安倍首相のような賭けには出られなかったのである。

安倍首相は、この大きな賭けに一時的には勝利した。

国民の中には
「消費税増税を延期すれば支持率は上がるのになぜわざわざ選挙をしなくてはならないのか？」

「そんなに国会の議席が欲しいのか」

と思った人もいるだろう。

確かに、安倍首相のこの選挙は、自民党の議席を増やすための選挙と見られても仕方がないほど、勝つのが明確な選挙だった。安倍首相としても、もちろん「自民党の議席を増やしたい」という意図もあったはずだ。

が、安倍首相の本当の目的は、財務省に睨みを利かすことだったのである。これだけ選挙で大勝し､国民の信任を得たのだから､もう消費税増税延期はひっくり返せないだろう。

つまりは、安倍首相は、財務省が今後ヘンな動きができないように牽制したわけである。

政治家にとって財務省の存在というのは、それほど恐ろしいものなのだ。

財務省の権益を守る「消費税」

首相を平伏させるほどの強大な権力を持つ財務省が、もっとも重要視しているのが「消費税」である。

現在､国税の柱となっている消費税は､実は財務省が強引に推し進めてきたものなのだ。

政治家が消費税を推進してきたように思っている方が多いかもしれないが、それは勘違いである。

政治家は、税金の詳細についてはわからない。だから、財務省の言いなりになって、消費税を推奨してきただけである。むしろ、政治家は、消費税の導入や税率アップには、何度も躊躇してきた。増税をすれば支持率が下がるからである。それを強引にねじ伏せて、消費税を推進させてきたのは、まぎれもなく財務省なのである。

なぜ財務省は、これほど消費税に固執し、推進してきたのか？

「国民の生活をよくするため」

「国の将来のため」

などでは、まったくない。

ざっくり言えば、「巨大な権益」を維持するためである。

彼らは、あきれるほど見事に「自分たちの権益のため」だけに、国を存亡の危機に陥れる悪税を推奨してきたのだ。

財務省が、強大な権力を維持していくためには、「安定財源」が欠かせない。ここで言う「安定財源」というのは、「国民が無理なく持続的に払える税金」という意味ではない。「国民が苦しかろうと国の将来がどうなろうと、とにかく一定の税収を確保する」という意味での安定財源である。

「お金を持っているからこそ、周りの奴が言うことを聞く」

のである。だから安定的な税収の確保は、財務官僚にとっては至上命題なのである。

財務省が、強力に消費税を推奨してきた理由もここにある。

というのも、所得税、法人税は、安定財源としてはあまり当てにできないのだ。なぜかというと、所得税や法人税は、国会議員が選挙のたびに、国民の機嫌を取ろうと減税を約束する。選挙のたびに､減税されていては､とても安定財源としては成り立たないからだ。

しかも所得税や法人税は、景気に左右される。

なので、昭和時代の大蔵官僚たちは、消費税を求めるようになったのだ。

消費税は、システム上の問題もあり、一度つくったらあまり増減できない。選挙のたびに、政治家にいじられることもない。

また消費税は、景気にかかわらず一定の税収が見込まれる。景気が悪くても、国民は生活をするために一定の消費をするからである。

だから財務官僚にとって消費税は都合がいいのだ。

財務官僚は、日本の将来のこと、経済のこと、格差社会の問題など一切考えず、ただただ安定財源を得る、というそれだけのために、消費税を推奨してきたのだ。

目先の自分たちの役割しか考えていない。日本の官僚とはそういうものである。筆者も元官僚だから、その体質はよく知っている。

消費税を導入したり、増税したりすれば、格差社会がもっとひどくなる、ということは、財務官僚たちもうすうす感じていた。

でも、それは自分たちには関係ないと思っているのだ。自分たちの仕事は、安定財源を確保する、ということだけである。それを全うすることに全力をかけ、ほかのことは考えないのだ。

実は欠陥だらけだった消費税

財務省が強力に推し進めてきた消費税が、国のためになるものであれば、まあよしとできるだろう。

しかし、まったくそうではない。

日本の消費税というのは、世界最悪の税金なのである。

こういうことを言うと、

「消費税は国民みんながモノを買った分だけ負担する公平な税金」

「日本よりも消費税が高い国はたくさんある」

「少子高齢化の財源として消費税は必要」

「日本は所得税、法人税が高いので上げるとすれば消費税しかない」

などと反論する人もいるだろう。

しかし、それは財務省の必死のプロパガンダに毒されているだけである。詳細は後述するが、財務省は電通などを使って「消費税はいい税金だ」という喧伝をさんざん行ってきた。そのため、財務省の喧伝を真に受けて「消費税はいい税金だ」と思い込んでいる人がたくさんいるのだ。

財務省の喧伝が大ウソであることは、おいおい説明していくとして、ここでは消費税の最大の欠陥だけを指摘しておきたい。

日本の消費税は、とにかく雑なのである。

ダイヤモンドにもトイレットペーパーにも同じ税率を課すというような雑な税金は、世界を見渡してもほとんどない。消費税は現在こそ、世間の批判を浴びて生鮮食料品などには2％の軽減税率を設けているが、導入以来、30年もの間、すべての品目に同じ税率が課せられていた。ダイヤモンドにも米にも同じ税率だったのである。しかも現在は設定されている軽減税率も、たったの2％の差しかないのである。

こんな雑な税金は、古今東西なかった。

世界の多くの国で、消費税のような間接税が導入されており、日本よりも税率が高い国はたくさんある。

が、日本の消費税のように、低所得者や零細事業者にまったく配慮のない間接税というのは、世界的に稀なのだ。

消費税には、「貧富の差を拡大する」という性質がある。消費税の最大の欠陥はそれである。

消費税は、そのシステム上、低所得者ほど「税負担率」が高くなる「逆進税」となっている。

たとえば、年収が1億円の人は、1億円を全部消費に回すわけではないので、年収に対する消費税負担割合は低くなる。

年収1億円の人が3千万円程度を消費に回した場合、年収に対する消費税の負担割合は3％程度で済むことになる。

が、年収2００万円の人は、必然的に年収のほとんどが消費に回ってしまう。ということは、年収2００万円の人は、年収に対する消費税の負担割合は、10％に近くなってしまうのだ。

「年収1億円の人は3％で済むけれど、年収2００万円の人には10％も課す」

それが消費税の実体なのだ。

その点は、間接税を導入している世界中の国々も、当然、承知している。だから、間接税を導入しているほとんどの国は、低所得者や零細事業者に様々な配慮をしているのだ。

イギリスでは標準税率は20％だが、燃料や電気などは5％、食料品、飲料水などは0％となっている。

フランスでは標準税率は20％だが、食料品などは5・5％、医療品などは0％となっている。

ドイツでは標準税率は19％だが、食料品などは7％になっている。

このように、間接税が高い国は、低所得者や零細事業者に手厚い配慮をしているのだ。しかも、こういう配慮は、先進国だけではない。

間接税を導入している国のほとんどで、同様の配慮がされているのだ。財政事情が非常に悪い国々でも、ある程度の配慮はされている。

たとえば、世界でもっとも財政状況の悪いとされるアルゼンチンの消費税(付加価値税)を見てみたい。

アルゼンチンは、慢性的に財政が悪化しており、2020年にも政府が債務不履行に陥っている。

アルゼンチン政府が債務不履行に陥ったのは、実に9度目であり、現在IMFの支援を受けて財政再建を行っている。

財政は世界で最悪レベルと言っていいだろう。

このアルゼンチンの付加価値税の基本税率は21％である。だが、生鮮食料品はその半分の10・5％である。そして飲料水、書籍などは0％なのだ。

日本の消費税のように、どんな商品にもほぼ一律の税率をかけ、どんな零細事業者にも納税義務を負わせるという乱暴で雑な税金は、世界のどこにもないのだ。

そして現在の「日本の衰退」は、消費税の導入とその増税にまったくリンクしている。日本が格差社会と言われるようになり、国民生活の貧困化が問題とされるようになったのは、消費税導入以降のことなのである。つまり消費税は理論的にも世界最悪であり、その理論通りの現実をもたらしているのだ。

消費税はキャリア官僚の思いつきでつくられた

消費税の原型（売上税）を最初に企画したのは元大蔵省官僚の、内海《うつみ》孚《まこと》氏だとされている。

この内海氏は、大蔵省の「キャリア官僚」だった。

内海孚氏は、日本が高度成長期に入ろうとする昭和32（１９５７）年に旧大蔵省に入省し、最高ポストである財務官にまで上り詰めた人物である。大蔵省退職後は、様々な企業や団体に天下りし、２０２５年現在も存命である。

読売新聞記者だった岸宣仁氏の著書『税の攻防』(文藝春秋)によると、内海孚氏は、大蔵省の若手官僚だった昭和37(1962)年に、フランスに官費留学した際に、フランスでは不思議な税があることを知ったという。当時のフランスでは、大型間接税であるVAT(Value Added Tax)が導入されたばかりだった。

若手大蔵官僚だった内海孚氏は、フランスの留学中に買い物をしたときに、フランスではVATという税が課せられていることに気づいた。買い物をするたびに一定の税金が引かれているのだ。

レシートにも税金の金額は記されていないので、一般のフランス人は、税の負担をほとんど感じていないようだった。

これを見て「こんないい税金はない！　日本にも導入しよう」と思いついたそうである。

フランスのVATは当時、最先端の税制だとも言われており、ヨーロッパ中の国々がこの税金を導入することになった。内海孚氏は、「最先端の税制を日本に取り入れよう」と、大蔵省に吹き込んだ。

内海孚氏はキャリア官僚なので、自動的に大蔵省の幹部に出世する。そのため、この若手官僚の思い付きは、そのまま国の税制に反映されたというわけである。

この内海孚氏のエピソードは、大蔵省キャリア官僚のレベルの低さを象徴しているものであり、突っ込みどころが満載なのである。

ヨーロッパの国情を無視し税制だけを見習うという愚かさ

内海孚氏は、フランスのVATを新しい税金だということで、日本に持ち込もうとしたが、そもそもVATというのは、「新しい税金」ではない。

VATというのは、ざっくり言えば、あらゆる商品やサービスに課せられる「大型間接税」である。間接税というのは、古代からある税金である。古代ギリシャ、古代ローマでも間接税は課せられていた。

またあらゆる商品に課せられる大型間接税というのも、大航海時代のスペインや、イスラム諸国などで課せられており、新しいものでもない。そして大型間接税は、国民の生活に大きな打撃を与えるものだった。

たとえば大航海時代のスペインは、世界中に植民地を持つ大帝国だったが、アルカバラと呼ばれる大型間接税を税収の柱に置いてから急速に経済が衰退した。領内のオランダ、ポルトガルが独立したり、イギリスやフランスが主導権を握る時代へと移行したことで、大帝国の栄光はアルカバラとともに終焉したのである。

VATを導入したフランスも、間接税の欠陥は熟知していた。そもそもフランスという国は、税金の重さが契機となって民衆が蜂起《ほうき》し、革命が起きたという歴史を持っている。だから税金に関しては、非常にセンシティブな国なのだ。

VATにも、非常に配慮の行き届いた仕組みがあった。

VATは、あらゆる商品、サービスに包括的に課せられる税金でありながら、生活必需品などの税率は非常に低く、贅沢品には非常に高く設定され、間接税の欠点である「逆進性」が取り除かれていた。そういうきめ細かい設定が、VATの新しい部分であり、もっとも重要な部分だったのだ。

が、大蔵キャリア官僚の内海氏は、VATの重要な部分は見ずに「あらゆる品目に包括的に課税している」という点だけを抜き取って日本に持ってきたのだ。この内海氏の「雑な分析」が、そのまま「消費税の世界一の雑さ」につながるのだ。

日本の「福祉」は先進国とは程遠い

また大蔵キャリア官僚の内海孚氏は、ヨーロッパの間接税に関してもう一つ重要なことを見落としていた。

それは「福祉」である。

ヨーロッパ諸国と日本では、国の内情がまったく違う。ざっくり言えば、福祉が段違いなのだ。

内海孚氏は、フランスに留学していながら、そのことにはまったく気づいていなかったのだ。

ヨーロッパ諸国というのは、福祉制度が発達していて国民の権利意識も強い。そしてその財源のために、国民の同意のもとにＶＡＴが導入されたのである。

日本も、福祉財源として消費税が導入されたが、実際は福祉にはほとんど使われていない。

日本人は皆、日本の社会保障は先進国並みと思っている。しかし、これは大きな勘違いなのだ。驚くべきことかもしれないが、日本は先進国と比べれば、生活保護の支出も受給率も非常に低いのである。

左は、ヨーロッパ主要国で貧困者のうち生活保護を受けている人の割合を示したものである。

ヨーロッパ主要国で貧困者のうち生活保護を受けている人の割合

イギリス	61・8%
フランス	139・4%
ドイツ	100%
日本	22・9%

出典（『これがホントの生活保護改革「生活保護法」から「生活保障法」へ』生活保護問題対策全国会議著・明石書店）

ヨーロッパ諸国の多くが、１００％近い保護をしているのに対し、日本は20％台と明らかに低い。フランスは１００％を超えているが、これは貧困者と分類されていない人々にも、公的扶助が及んでいるということである。

イギリス、フランス、ドイツなどのヨーロッパ先進国では、要保護世帯のほとんどが生活保護を受けているのに、日本では本来は生活保護を受けるべき状況なのに受けていない人が、生活保護受給者の4倍もいるというのである。

このデータは現代のものであり、内海氏がフランスに留学していた当時は、日本の福祉はもっとお粗末だったはずだ。

生活保護というと、昨今では不正受給の問題ばかりが取り挙げられる。しかし、これは非常に偏向的なものだと言わざるを得ない。

不正受給者というのは、せいぜい2～3万人である。一方、生活保護のもらい漏れは、1千万人近くいると推定されている。どちらが大きな問題なのか、というのは火を見るより明らかだ。

日本では、生活保護の必要がある人でも、なかなか生活保護を受けることができない。

「日本は生活保護が非常に受けにくい」ということなのである。

ヨーロッパ諸国は、国民の権利はきちんと守るのである（少なくとも日本よりは）。生活保護の申請を、市役所の窓口でせき止めるなどということは、絶対にあり得ないのである。もしそんなことをすれば、国民から猛反発を受けるのだ。

たとえば、イギリスでは生活保護を含めた低所得者の支援額はＧＤＰの４％程度にも達する。フランス、ドイツも２％程度ある。

が、日本では０・４％程度なのだ。

欧米の先進国には、片親の家庭が、現金給付、食費補助、住宅給付、健康保険給付、給食給付などを受けることができる制度が普通にある。また失業者のいる家庭には、失業扶助制度というものがあり、失業保険が切れた人や、失業保険に加入していなかった人の生活費を補助される。

ヨーロッパ諸国ではこのように手厚い社会福祉を施した上で課している「大型間接税」なのである。

日本では失業保険は最大でも１年間程度しかもらえず、後は非常にハードルの高い「生活保護」しか社会保障はない。だから、日本では他の先進国に比べて経済理由による自殺が非常に多いのだ。

大蔵キャリア官僚の内海孚氏は、このようなヨーロッパと日本の国情の違いをまったく無視し、ただただ「大型間接税」の表面的な仕組みだけを導入しようとしたのだ。

財務官僚が消費税を導入したい本当の理由

そもそも内海孚氏が、消費税の原型を思いついた時、日本は税制を大きく変革する必要など、まったくなかった。

内海氏がフランスに留学していた１９６０年代というのは、高度経済成長期であり、日本経済が爆発的に成長していた時期である。必然的に、税収もうなぎ登りに増加していた。

今では考えられないことだが、当時は予算をはるかに超える税収が入ってくるので、毎年のように減税が行われていたのだ。

また、この当時は、「少子高齢化」への危惧もまったくなかった。

１９６０年代はベビーブーム真っ盛りの時期である。小中学校は増設されまくっており、それでも多くのクラスで40人を超える生徒があふれ、全校生徒1000人を超える学校ばかりだった。

むしろこの当時は、戦後の食糧難を経験したばかりの時期だったので、「人口増」のほうを警戒していたくらいなのだ。だから現代のように、「これから激増する将来の社会保障費に備える」という必要もなかった。

当時の税制において、十分以上の税収が得られていて、経済もその税制で大発展していたのだから、わざわざ税制を大変革する必要などなかったのだ。

なのに、なぜ内海氏や旧大蔵省は、新しい間接税を導入しようと思ったのか？

そこには、財務省（旧大蔵省）キャリア官僚たちの巨大な利権が関係しているのだ。

1960年代の高度成長期は、国全体が好景気に沸き、豊かになっていた時代だが、ある特定の人たちは、この当時の税制に不満を持っていた。

その特定の人たちというのは、「大企業の経営者」「高額所得者」である。

実は財務省と大企業は、根の部分でつながっている。

ただ財務省といっても、財務省の職員すべてのことではない。財務省の「キャリア官僚」

のみの話である。

なぜ財務省のキャリア官僚が、消費税の増税で利益を得るのかというと、それは彼らの「天下り先」に利をもたらすからである。天下り先が潤うことで、財務省のキャリア官僚たちは、間接的に実利を得るのである。

財務省のキャリア官僚のほとんどは、退職後、日本の超一流企業に天下りしている。三井、三菱などの旧財閥系企業グループをはじめ、トヨタ、ＪＴ（日本たばこ産業）、各種の銀行、金融機関等々の役員におさまるのだ。しかも、彼らは数社から「非常勤役員」の椅子を用意されるので、ほとんど仕事もせずに濡れ手に粟で大金を手にすることができるのだ。

財務省キャリアで、事務次官、国税庁長官経験者らは生涯で8億～10億円を稼げるともいわれている。消費税の原型を発案した内海氏も、この天下りの恩恵を十二分に受けている。

彼らのほとんどは官僚としての報酬よりも、退職後に天下りして受け取る報酬のほうがはるかに大きい。つまり、彼らの本質は「国家公務員」ではなく、「大企業の非常勤役員予備軍」なのだ。

彼らにとって国家公務員というのは、天下り先を得るための準備期間に過ぎない。

財務省キャリア官僚は、財政と徴税という二大国家権力を持ちながら、その本質は大企業の傭兵なのだ。国としてこんな危険な状態はないと言える。

だから、彼らは国民生活がどうなろうと、日本の将来がどうなろうと関係なく、自分たちの主人である大企業に有利な政策ばかりを講じてきたのだ。

日本に消費税を導入しようというアイディアも、「日本を良くするため」というより、大企業の経営者たちの意向を汲んだのである。

国民も政治家も望んでいなかった消費税

消費税は、実は国民も政治家も望んでいなかった。

消費税を導入したり、税率アップをした内閣は必ず選挙で大敗してきたからだ。

消費税を創設し導入したのは、自民党の竹下内閣である。

竹下内閣は、消費税決定後の総選挙で大敗し、その影響で自民党は分裂した。

結果的に自民党は野党に下るという大打撃を受けたのだ。

消費税の税率を３％から５％に引き上げる決定をしたのは、社会党の村山政権だった。

社会党は消費税の導入前は、消費税に徹底反対の姿勢を取っていた。消費税の前に、計画されていた売上税は、旧社会党の反対とそれを後押しする世論によって潰されたほどだ。その当時は、土井党首の「ダメなものはダメ」という言葉が流行語になり、旧社会党は一大ブームを巻き起こした。

この社会党ブームは政局に大きな影響を与え、１９９３年に自民党が戦後初めて政権を譲り渡す事態の一因にもなった。

政権を失った自民党は苦肉の策で、１９９４年に社会党に首相の座を与える約束をして連立与党を形成したのだ。

ところが社会党は政権を担わされて、首相のポストを与えられた途端、消費税を廃止するどころか、こともあろうに税率の引き上げにゴーサインを出してしまったのである。

おそらく財政赤字の額や、今後の高齢化社会への暗い見通しなどを、大蔵官僚からさんざん聞かされ、「消費税の税率を上げる以外に財源がない」とうまく言いくるめられて、火中の栗を拾ってしまったのだろう。

社会党も、この後の総選挙で大敗し、壊滅状態になってしまった。

それまで社会党は長い間、野党第一党の地位を維持してきたが、この件以降、急速に没落し、社会民主党となった現在は、国会の議席数はわずか3となっている。ここまで没落したのは、間違いなく消費税税率アップ時の大敗北の影響である。


消費税を5％から8％、8％から10％に引き上げる決定をしたのは、民主党の野田政権だった。野田首相も、首相になる前は、

「自分の任期中には消費税を上げる決定はしない」

「予算の無駄を徹底的に削減するまでは消費税の増税はしない」

と述べていた。

が、首相になった途端、財務官僚に言いくるめられたのか、消費税増税案を自ら自民党に持ち掛け、国会で通したのだ。

野田政権もその直後の総選挙で大敗し、民主党は衰退。その後、4つに分裂し「民主党」は消滅してしまった。

このように消費税を導入したり、税率アップをした政権政党は、いずれも壊滅に近いよ

うな大打撃を受けている。

つまりは、消費税について、国民は何度もノーを突き付けているのだ。民主主義の原理原則から見れば、消費税はそもそも導入してはならないし、ましてや税率アップなどはもってのほかだった。

にもかかわらず、消費税は国民の意向を無視し導入され、税率アップが繰り返されてきた。それは、政権が変わるたびに、財務省が新しい政権を強く説き伏せて、消費税増税の方針を継続させてきたからなのだ。

社会党の村山氏も、民主党の野田氏も首相になる前は、消費税に大反対していた。が、首相になると、財務省に洗脳され、税率アップにゴーサインを出してしまったのだ。

首相さえ財務省にコントロールされている

政治家はそもそも、新税の導入や増税はしたがらないものだ。

新税をつくったり増税すれば、支持率が下がるのは目に見えているからだ。

なのに、なぜ政治家は財務省の意向を汲んで消費税を増税してきたかというと、

「政治家は財務省に逆らえない構図」

があるからだ。

前述したように、財務省は国の組織の中枢部分をすべて握っている。もし財務省が本気で怒れば、行政全体が止まってしまうのだ。

また国会運営についても、政治家は財務省の協力なしには行えない。

それをいいことに財務省は、政治家に対し暗に、

「自分たちの意を汲まなければ動かない」

というような脅しをかけるのだ。

実際に、自分たちの意を汲まない政治家に対しては、強烈な攻撃をチラつかせてきた。

安倍首相も回顧録で次のように述べている。


「予算編成を担う財務省の力は強力です」

「彼らは、自分たちの意向に従わない政権を平気で倒しに来ますから」

「財務省は外局に、国会議員の脱税などを強制調査することができる国税庁という組織も

持っている」

（『安倍晋三回顧録』中央公論新社）

安倍首相が増税を２度延期し財務省と完全に敵対する

安倍首相と財務省の暗闘に話を戻そう。

財務省にとってもっとも重要な政策である消費税増税を、安倍首相が２０１４年11月に延期を決定したことは前述した。その直後に安倍首相は、衆議院選挙に打って出て大勝し、財務省に文句を言わせなかった。おそらく、財務省としては、この時点でかなり苛立っていたはずだ。

が、安倍首相は消費税に対して疑念が強く、２０１６年６月には、１年後に予定されていた８％から10％への消費税増税をさらに2年半延長した。これで消費税の増税は、４年間延長されたことになる。

安倍首相としては、前回での衆議院選挙での大勝を背景にし、財務省に文句は言わせないぞ、という気持ちだったのだろう。おそらく、安倍首相は、さらなる増税延長を考えていたものと思われる。

が、財務省としては、怒りが頂点に達していた。これ以上の増税延期は絶対に阻止しなくてはならない状況になっていた。

安倍首相と財務省は完全に冷戦状態になっていたのだ。

森友学園問題が発覚

安倍首相と財務省が暗闘状態に入って半年後の２０１７年2月、安倍首相にスキャンダルが発覚する。例の「森友学園問題」である。

森友学園問題というのは、私立幼稚園などを運営する森友学園理事長の籠池泰典氏らが、新しく開設される小学校の建設用地の買い取りをめぐって、売却先の大阪府などに無理な取引を強引に働きかけたり、国からの補助金を詐取していたりした問題である。

この森友学園は、新設される小学校の名誉校長に安倍首相の妻の昭恵氏を据えるなどして、安倍首相との関係をチラつかせ、土地売却の交渉などを行っていた。

それが朝日新聞のリークで発覚し、国会で問題視されたのだ。

この問題は、安倍首相の脇の甘さが原因ではあるが、全体の概要から見れば森友学園理事長の籠池氏らが安倍首相夫妻を利用したものだといえる。

そもそも籠池氏らは、これまでも政治家をうまく取り込んで、自分の事業に利用してきたのだった。

籠池泰典氏は宗教団体「生長の家」の信者でもあり、「生長の家」は自民党の支持団体でもあった。また籠池泰典氏は、安倍首相が特別顧問を務めていた「日本会議」に、一時入会していたこともあった。

籠池泰典氏は、自身のそういう政治とのつながりをフルに利用していたのだ。

籠池氏らは、安倍首相だけではなく、平沼赳夫衆議院議員、鳩山邦夫衆議院議員、柳本卓治参議院議員などにも働きかけた。これらの3名の議員は、この森友学園の土地買い取り交渉に関して、実際に秘書が官庁にコンタクトを取るなどしていた。

安倍首相は、秘書がこの問題に関与したりもしておらず、単に「名前を利用されただけ」

という状態だった。もちろん、籠池氏らに名前を利用されるだけでも、「脇が甘い」という非難は当然、生じるものである。

２０１７年2月17日には、国会で森友問題について追及された安倍首相は「この問題で私や妻が関係していたならば首相も国会議員も辞める」と答弁してしまった。

安倍首相としては、おそらくこの問題については、「本当にまったく身に覚えのないもの」だったものと思われる。このような大見得を切って、もし後で関係していたことがわかれば、絶体絶命の窮地に追い込まれることは明白だからだ。

が、残念ながら、籠池氏らは安倍首相夫人の昭恵氏の名前を前面に出して、土地売買の交渉をしていた。そのため、公文書にも安倍昭恵氏の名前は残っていたのだ。

それが発覚したことで安倍首相は長く、野党からの追及を受けることになり、後の文書改ざん問題にもつながってしまう。

文書改ざん問題というのは、森友関係の土地契約の決済文書が国会で公開されたとき、原本と書き換えられていたという問題である。

安倍首相は露骨な人事で財務省に宣戦布告する

森友問題発覚の半年後、森友問題で安倍首相夫妻の関与を否定してきた財務省理財局長の佐川宣寿氏が、国税庁長官に栄転した。

この人事について、「安倍首相はなんて露骨な人事を行うのだ」と憤慨した人も多く、世間ではかなり批判された。筆者も当初は憤慨していた。

が、実はこのとき、安倍首相は財務省と死闘を繰り広げていたのだ。

財務省も必ずしも一枚岩ではなく、「財務省組織優先」ではない者もいる。佐川宣寿氏もその一人だったと思われる。だから佐川宣寿氏は、内閣や安倍首相の意向を忖度した事務処理を行ったのである。

その佐川宣寿氏の「好意」に対して、安倍首相は褒賞を与えたというわけだ。

が、この褒賞は単なる褒賞ではない。財務省に対して脅しをかけたものでもあったのだ。

「佐川氏を国税庁長官にすることで財務省を牽制し、自分の言うことを聞かないと、お前らの首を飛ばすぞ」

ということを暗に宣言したのだ。

本来、国家公務員の最終的な人事権というのは、内閣が握っている。だから、官僚たちの大ボスというのは、本当は首相なのである。

しかし、これまで首相が、官僚の人事に露骨に口を出すようなことはしなかった。官僚側が提示した人事案をそのまま了承するのが、慣例となっていたのだ。

首相や内閣としては、本当なら官僚の人事に口を出すことで、官僚を支配することもできる。そもそもは、内閣が人事権を持つことによって官僚をコントロールするというのが、建前だったのだ。が、首相や内閣がそんなことをすれば、官僚側が怒り、政権に非協力的になって何をしてくるかわからない。そのため、首相や内閣は、官僚の人事には口を出さないという慣例になっていたのだ。

安倍首相は、その慣例を破って、露骨な論功褒章的な人事を行ったのである。

つまりは、安倍首相は、内閣の本来持っている権限である「官僚の人事権」をこれからは行使するぞ、という財務省に対する宣戦布告を行ったのだ。

この安倍首相の宣戦布告に対して、財務省はどう対応をしたか？

財務省は、痛烈な反撃を行ったのである。

森友問題をさらに大きく広げ、裏切者である佐川宣寿氏一人に財務省側の責任を全部なすりつけ、安倍氏に大きなダメージを喰らわせたのだ。

衆院議員選挙で大勝し財務省を牽制するが……

２０１７年９月、森友問題で野党から執拗に追及されてきた安倍首相は、衆議院を解散し、国民に信を問う。財務省との死闘を繰り広げている安倍首相としては、財務省を牽制するために、国政選挙で大勝したいと考えたのだ。

この選挙でも、自民党は選挙前と同じ２８４議席を獲得、安倍首相はもくろみ通り大勝する。第４次安倍内閣が発足する。

これで、森友問題も収束し、消費税のさらなる増税延期の目も見えてきた。

安倍首相は、財務省に勝利したかに見えた。

が、この半年後に、また安倍首相が窮地に陥るような出来事が起きる。

2018年3月2日、森友学園の土地売買に関する決裁文書が、国会で開示されたものと原本が微妙に違うことが、朝日新聞によって報じられるのだ。「特例」などの言葉が、数カ所、削除されていたのだ。

いわゆる「文書改ざん問題」が発覚したのである。朝日新聞はこの報道において「内閣からの指示ではないか」という論評を載せている。

しかも朝日新聞がこの問題をリークした5日後、文書改ざんを担当した職員が自殺してしまう。この文書改ざん問題の発覚により、一旦落ち着いていた森友学園問題が再燃することになった。

安倍首相は再度、ピンチに立たされてしまうのだ。

OECDを使って安倍首相に圧力をかける

しかも財務省は安倍首相が3度目の増税延期をしないように、さらなる圧力をかけてきた。

今回は国際機関を使うという手の込んだ方法を使っているのだ。

２０１８年４月に報じられた朝日新聞の記事を読んでいただきたい。

「消費税19％に」　OECD事務総長、麻生氏に提言(2018年4月13日　朝日新聞配信)

経済協力開発機構（OECD）のグリア事務総長は13日、麻生太郎財務相と会談し、日本の消費税率は将来的に、OECDの加盟国平均の19％程度まで段階的に引き上げる必要がある、と提言した。財務省によると、OECDが文書で19％という具体的な水準を示したのは初めてという。

2019年10月に予定される消費税率の10％への引き上げについて、グリア氏は「適当だ」と話し、麻生氏は「予定通り引き上げられるように努力したい」と応じたという。

そして同月にロイター通信から次のような記事が配信された。

消費税最大26％まで引き上げを＝OECD対日報告（2019年4月15日にはロイター通信配信）

経済協力開発機構（OECD）が15日公表した対日経済審査報告書は、日本経済の人口減少に対して警鐘を鳴らし、プライマリーバランス（財政の基礎的収支）を黒字化するためには消費税率を最大26％まで引き上げる必要があると指摘した。（中略）

同日都内の日本記者クラブで会見したグリア事務総長は「消費税率の10％への引き上げは不可欠」と指摘し、その後も「徐々に税率を引き上げることが財政改善につながる」と強調した。

報告書は日本経済について、2050年までに人口が1億人程度まで減少することに伴う高齢化と債務拡大という長期の課題に直面しているとし、財政持続性を担保する具体的な計画を示すべきと指摘。税収拡大の手段として主に消費税が望ましいとしている。

消費税のみにより十分な水準の基礎的財政黒字を確保するためには、税率を20～26％まで引き上げる必要があるとしている。今年10月に予定されている10％への引き上げの影響

は、各種対策の効果によって2014年の増税より大きくないとしている。

これらの記事を読まれた方は、ＯＥＣＤから勧告まであったのだから、やはり日本は消費税を上げるべきなのだろう、と思うだろう。

しかし、騙されてはならない。

ＯＥＣＤは一応、国際機関ではある。

しかし、日本の財務省はＯＥＣＤに対し、強い影響力を持っているのだ。

日本のＯＥＣＤへの拠出金はアメリカに次いで第2位である。そして、前述したようにＯＥＣＤの事務方トップであるＯＥＣＤ事務次長のポストは、長年、日本の財務省が握っており、現在も財務省出身の武内良樹氏が就任している。

本来、国際機関は日本の消費税などに関心はない。というより、国際機関が一国の税制に口を出すなどということは、内政干渉であり外交上のタブーである。

なのに、なぜＯＥＣＤが日本に勧告をしたのかというと、日本の財務省がＯＥＣＤに働きかけて、日本に勧告を出させたのだ。

つまり、安倍首相に増税延期をさせないために、「国際機関から勧告があった」という形をとろうとしたのだ。

財務省のキャリア官僚というのは、思慮が浅いくせに悪知恵だけはしっかり働くのだ。

もちろん、消費税を26％にすれば日本は壊滅状態になるだろう。というより、今のまま行けばいずれは壊滅してしまうのだが、それを大幅に早めることになるだろう。

財務キャリアというのは、本当に日本のために迷惑な存在なのである。

年収の壁問題でもＩＭＦを使って国民を騙す

ちなみに、財務省が自分たちの主張を国際機関に代弁させ、国際的なコンセンサスがあるかのように見せかけるのは、彼らの常套手段でもある。

最近、話題の年収の壁問題でも、財務省はこの手段を使っているのだ。

２０２５年2月の新聞報道によると、ＩＭＦが日本で今問題になっている「年収の壁」の問題について注文をつけたというのだ。

「年収の壁を壊す場合は、そこで生じる税収減を追加歳入もしくは歳出削減によって賄わ

れなければならない」

などとＩＭＦが提言したのである。

しかも、

「年収の壁を壊すと財政赤字がさらに拡大する大きなリスクがある」

「日本は財政再建を今始めなければならない」

とも述べたそうだ。

「年収の壁」の問題というのは、日本の税制の中の細かい部分の話であり、しかも現在、議論が行われているものである。

一独立国のそういう細かい税金の問題に、国際機関が口を出すというのは、先ほども述べたように、内政干渉も甚だしいことであり、国際問題に発展してもおかしくないほどの失礼な話である。

ユネスコなどが日本の意に反するような発言をすれば、日本は強硬に抗議する。にもかかわらず、ＩＭＦの提言に関しては抗議するどころか恭《うやうや》しく受け取っているのだ。

なぜかというと、ＩＭＦの提言というのは、財務省が裏で手をまわして言わせたものだからだ。

先ほども述べたように日本はＩＭＦにとって、アメリカに次いで2番目の出資国である。ＩＭＦの幹部である副専務理事（定員4名）の一つのポストは、日本の財務省出身者が28年にわたって占めている。

だから日本の財務省にとって、ＩＭＦというのは出向先の一つであり、どうにでも融通が利くのだ。

今回のＩＭＦの提言も、日本の財務省がお膳立てをしたということが報じられており、財務省の意向を強く汲んだものであることは間違いないのだ。

財務省は、国民民主党の玉木代表が提案した「年収の壁」ぶち壊しに対して、即座に難色を示していた。

財務省としては、新たに減税をしたくないのと同時に、

「税制は自分たちで決めたい」

「政治家は口を出すな」

ということなのだ。

もちろん、この財務省の動きというのは異常なことである。税制や財政を決めるのは国会であって、財務省ではない。本来、財務省は国会で決められたことを遂行するのが仕事

であり、税制や財政に口を出す権利などはないのだ。

しかし、日本の財務省はなし崩し的に税制や財政に大きな権力を持つようになり、逆に政治家は財務省が立てた方針に従うばかりとなっているのだ。

そして財務省は自分たちの権力を守るためならば、ありとあらゆる手段を講じる。ＩＭＦを使って外圧を演出することなども平気で行うのだ。

加計学園問題

安倍首相のことに話を戻そう。

森友問題が発覚したのとほぼ同時期に、安倍首相にもう一つ大きなスキャンダルが発覚した。いわゆる加計学園問題である。

加計学園問題というのは、２０１７年5月の朝日新聞のリークにより端を発するもので、岡山理科大学が愛媛県今治市に獣医学部を新設するにあたって首相や官邸が便宜を図ったのではないか、という疑惑である。

岡山理科大学を運営しているのが、私立の幼稚園から小学校、中学校、高校と手広く展開している学校法人加計学園だった。この加計学園の理事長の加計孝太郎氏は、安倍首相の古くからの友人であり、そのことからも安倍首相の関与を疑われたのである。

この加計学園問題も、安倍首相の脇の甘さから生じたものだといえる。

獣医学部の新設というのは、1966年以来、50年間も行われておらず、規制緩和という観点からも大義があった。獣医の団体が強く反対していたために、獣医学部は半世紀にわたって新設されなかったのだ。獣医師というのは昨今のペットブームにより、不足しているにもかかわらず、である。また獣医学部に限らず、普通の医学部の新設や定員の増加も、医師会などが反対してなかなか行われない。獣医師や医師たちは、自分たちのシェアが奪われるのを嫌い、ただ自分たちの利権のみで学部新設などに反対してきたのだ。そこに風穴を開けるというのは、政治にとっても大きな使命を帯びたものだったといえる。

また愛媛県今治市に獣医学部が新設されるというのも、大義名分があった。瀬戸内海沿岸地域には、獣医学部を持つ大学がなかったからだ。

だから岡山理科大学が愛媛県今治市に獣医学部を新設するというのは、ごくごく妥当な判断だったともいえる。岡山理科大学のほかに京都産業大学も獣医学部新設の希望を出していたが、関西圏には獣医学部があるという理由で、岡山理科大学に決定した。

全体的な流れから言っても、そう不自然なことではない。

しかし、この獣医学部新設の審査にあたって、早い段階から安倍首相の意向で岡山理科大学に決定していたのではないか、という疑惑がもたれたのだ。それは、安倍首相と加計学園の理事長が懇意にしていることも、大きな理由だった。

この加計学園問題は、結果的にうやむやになったが、森友学園とのダブルスキャンダルにより、安倍首相の支持率は急落した。

２０１９年７月の参議院選挙では、改選前の66議席から９議席も失い、自民党の単独過半数を維持できなくなった。

２カ月後の２０１９年９月には、財務省の念願だった消費税10％への増税が施行された。安倍首相の３度目の消費税増税延期は叶わなかったのだ。そして翌２０２０年には、首相を辞任することになったのだ。

森友、加計問題で財務省の思う壺になった

この森友、加計問題を後世の目で俯瞰してみた場合、安倍首相だけが大きなダメージを受け、財務省はほとんどダメージを受けることはなかったことがわかる。

財務省側は「内閣の圧力で嫌々ながら不正に手を貸した」という構図になってしまっているからである。そして、財務省側の責任は、安倍首相から褒賞を受けた「裏切者」の佐川宣寿氏に全部かぶせ、事務次官などの最高幹部たちは無傷だったのだ。絵に描いたようなトカゲのしっぽ切りだった。

佐川宣寿氏は、文書改ざん問題が発覚したために、自主的な退職を余儀なくされた。しかも、佐川氏は、財務省幹部の特権である「天下り」の蜜を吸うこともできず、現在は無職のような状態に置かれているという。

財務省は身内には限りなく恩恵を施すが、裏切者に対してはとことん冷酷なのである。

また特筆すべきは、森友、加計問題が、実は消費税に大きな影響を与えているということである。森友、加計問題の経緯を見ていくと、消費税問題の経緯とまったくと言っていいほど連動しているのが、わかるのだ。

前述したように、安倍首相は、財務省の意向に反し、2014年、2016年と2度にわたって消費税増税延期を決めていた。その直後の2017年に、森友、加計問題が相次いでリークされたのである。

安倍首相は、森友、加計問題の打撃を払しょくするために、2017年にまた衆議院選挙に打って出た。この総選挙では大勝した。そのため、消費税増税のさらなる延期もあるかという見方も出てきた。

しかし、2018年3月に、森友問題に新たに「文書改ざん」が発覚し、この問題がさらに再燃することになった。安倍首相は、この森友問題に多くの労を割かざるを得なくなり、消費税増税の3度目の延期はできなかった。

つまり、最終的に財務省の「思う壺」になったのだ。

安倍首相は、財務省との戦いで、2度も衆議院選挙に打って出て、最終手段である人事権の行使さえ行った。安倍首相としては、矢尽き刀折れボロボロになるまで戦ったといえる。にもかかわらず、最終的には財務省の牙城は崩せなかったのだ。

この経緯は、前に述べた橋本龍太郎氏のケースと非常によく似ている。

橋本龍太郎氏も、首相時代、長年の懸案事項であった「大蔵省の権限縮小」を実行しようとし、その途中でスキャンダルが発覚し、政治生命を奪われ、結果的に「大蔵省の権限縮小」は成し遂げられなかった。

財務省（旧大蔵省）の意向に背いたり、権限を縮小するような動きをした政治家は、ことごとくスキャンダルが発覚し失脚してしまうのである。

彼らのスキャンダル発覚は、果たして偶然なのだろうか？

なぜか朝日新聞だけが森友、加計問題のリーク記事を連発

そして、もう一つ特筆すべきことは、森友、加計問題は、すべて朝日新聞のリークにより発覚したということである。

森友問題をリークしたのも、加計問題をリークしたのも、森友問題の文書改ざんをリー

クしたのも、いずれも朝日新聞なのである。

森友問題では文書改ざん担当者が自殺し、社会問題にもなったが、この自殺も朝日新聞がリークした後のことなのである。担当者の自殺は、上層部からこのような不正を押し付けられたことによる抗議の意味もあったと思われるが、担当者自身はこの件を「告発」しようとした意図は見えず、新聞報道で発覚したことが、最終的に自殺の引き金になったと見られる。

お金や利権が絡んだ政治スキャンダルというのは、これまでは市民オンブズマンや共産党の機関紙「赤旗」が第一報を行うことが多かった。が、森友、加計問題に限っては、朝日新聞の独壇場のようになっているのだ。

森友、加計問題の朝日新聞のリーク記事というのは、内部から情報が漏らされていなければ書けないような内容も含まれていた。つまり、森友、加計問題の内部情報を知り得たものが、情報を流した疑いがある。

もちろん報道機関には、取材先を秘匿する権利があるので、朝日新聞はこのネタをどうやって掴んだのかを明かすことはないだろう。

ところで、朝日新聞というと、政権批判ばかりをやる「左翼的な新聞」というイメージを持つ人も多いだろう。

しかし、現在の朝日新聞は、財務省の広告塔と言えるほど「財務省の意向を汲んだ記事」しか載せないようになっている。朝日新聞はかつて消費税に大反対していたが、ある時期を契機に消費税を強力に推進するようになった（詳しくは第4章で）。

そして朝日新聞がリークした森友、加計問題は、結果的に安倍首相の政治生命を縮め、財務省の消費税推進をアシストすることになった。

これも果たして偶然なのだろうか？

その答えは、本書を読んだ後の読者の判断に委ねたい。

時系列で見た消費税とモリカケ問題

●２０１２年8月

民主党の野田政権において、民主、自民、公明の3党合意により、２０１４年4月に消費税率５％から8％に増税されること、２０１５年10月に8％から10％に増税されることが決定する。

●2012年12月

衆議院選挙での勝利により、自民党が政権を奪還し、安倍晋三氏が首相に就任する。

●2014年4月

安倍首相、予定通り消費税の5％から8％への増税実施。財務省は「景気は一旦下がるがすぐに回復する」と言っていたが、回復しないために安倍首相は不信感を持つ。

●2014年11月

安倍首相、2015年10月に予定されていた8％から10％への消費税増税時期を1年半延期する。同時に衆議院解散、国民に信を問う。自民党が大勝する。

●2016年6月

安倍首相は、自身が一度延期し2017年4月に予定されていた8％から10％への消費税増税を、さらに2年半延期。これで消費税の増税は、4年間延期となる。財務省は、怒り心頭。

●2017年2月9日

朝日新聞のリークにより、安倍首相に「森友学園問題」が発覚する。

●２０１７年2月17日
安倍首相が森友問題について「この問題で私や妻が関係していたならば首相も国会議員も辞める」と答弁する。
●２０１７年7月
森友問題で便宜を図ったとされる理財局長の佐川宣寿氏が、国税庁長官に栄転。
●２０１７年10月
安倍首相は、また衆議院を解散し国民に信を問う。自民党は選挙前と同じ２８４議席を獲得し大勝。第4次安倍内閣が発足。財務省としては打撃。
●２０１８年3月2日
森友問題について、いわゆる「文書改ざん問題」が発覚。その直後に文書改ざんを担当した職員が自殺。森友問題が再燃する。
●２０１９年7月
参議院選挙。森友問題、加計問題の影響で、自民党が過半数割れの惨敗。
●２０１９年10月
財務省のもくろみ通り消費税増税施行。

第3章
国民を監視する
財務省の〝秘密警察〟

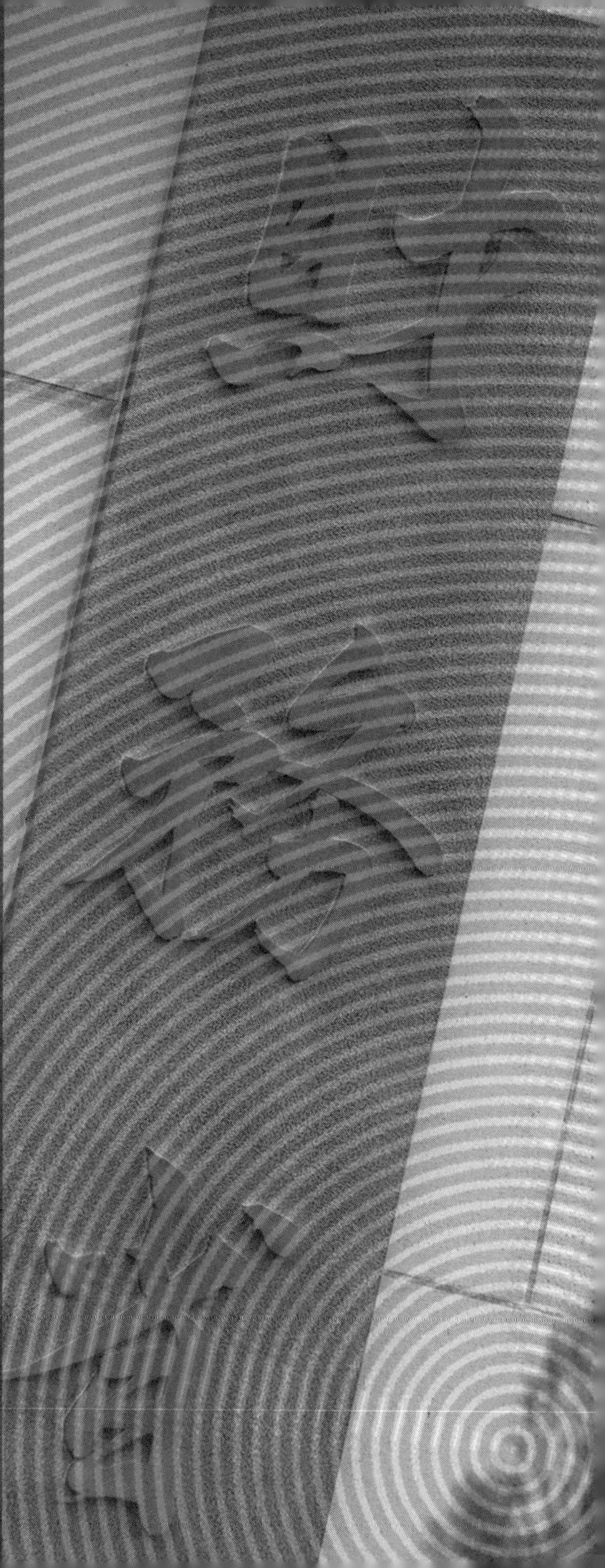

財務省の秘密兵器「国税庁」

首相など政治家たちが、財務省に逆らえない大きな理由の一つが「国税庁」の存在である。安倍元首相も回顧録の中で、次のように述べている。

「予算編成を担う財務省の力は強力です。彼らは、自分たちの意向に従わない政権を平気で倒しに来ますから。財務省は外局に、国会議員の脱税などを強制調査することができる国税庁という組織も持っている」(『安倍晋三回顧録』中央公論新社)

国税庁は表向きは、税務行政を司る官庁ということになっている。が、その強力な「税務調査権」を武器に、全国民を監視する「秘密警察」のような役割も担っている。そして、この秘密警察は、首相が指揮しているわけではない。財務官僚たちが指揮しているのだ。

つまり、国税庁というのは、財務省のための秘密警察ともいえる存在なのである。

国税庁というのは、「徴税権」という強力な国家権力を持っている。

この国税庁の持つ徴税権というのは、警察よりも強いとされている。

国税調査官たちには、「質問検査権」という国家権利を与えられている。この質問検査権が実は強大な力を持っているのだ。

質問検査権とは、国税調査官は国税に関するあらゆる事柄について国民に質問できる、という権利である。国民はこれを拒絶する権利はない。

この質問検査権こそが、国税庁の最大の武器だといえる。というのも、質問検査権は、取りようによっては、無制限に国民の情報を収集できるからである。質問検査権は、国民の税金において、国税側が何か疑問を持った場合に発動できるのだ。

そして「その人の税金に関する疑問」というのは、税金に直接関係あるものだけではない。「その人の税金に関係があるかもしれない」という段階でも発動できるのだ。

だから、たとえば、ある人に愛人がいた場合、その愛人について徹底的に調べることもあるのだ。愛人に隠し資産を託していることもあるからである。

これは、見方によっては、相当に強い国家権力である。

警察は、何か犯罪の疑いのある人にしか取り調べはできない。任意で話を聞くというようなことはあるが、それはあくまで「任意」である。その人には、拒否する権利もある。だから、誰かを取り調べしようと思えば、逮捕したり拘留する以前に客観的な裏付けが必要となる。また拘留期限なども法的に定められており、何の証拠もないのに、誰かを長時間拘束したりはできない。

しかし、国税調査官の持っている質問検査権の場合は、そうではない。日本人であるならば、どんな人に対しても、国税調査官は税金に関して質問する権利を持っているのである。赤ん坊からお年寄りまでである。

もちろん、首相をはじめとするあらゆる政治家、要人もその対象になる。

国民はすべて国税調査官の質問に対して、真実の回答をしなければならない。拒否権、黙秘権は認められていないのだ。これが、「国税が最強の捜査機関」と言われる最大の理由である。

ただ国税調査官は、誰かを拘束することはできない（強制調査の場合はできるが）。

しかし、誰かに対して、しつこくしつこく質問をする権利を持っている。質問できる期限などは定められていない。

繰り返すが、質問される方には「黙秘権」はない。

警察の捜査権の場合、被疑者には、自分の都合の悪いことについては黙秘する権利が与えられている。しかし、国税調査官の質問検査権に対して、市民（納税者）には黙秘権はないのだ。質問には必ず答えなくてはならないし、嘘をついたり、知っていることを黙っていたりすれば、ペナルティの対象となるのだ。

また「国税に関することはすべて」というのは、かなり範囲が広い。国民の収入に関するあらゆること、国民の財産に関するあらゆることを、国税は質問する権利を持っているのだ。

国民の生活のすべてといってもいい。

国税調査官は、事業に関するものであれば何でも見せてもらうことができるのである。帳簿や領収書だけではなく、事業や仕事に関するあらゆる書類、データ、預貯金などの金融資産、不動産資産、自家用車などの固定資産などを調査することができるのだ。

●質問検査権（国税通則法第74条の2の1項）

・国税庁などの税務職員は事業に関係することを質問することができる。

・国税庁などの税務職員は事業に関係する帳簿、その他の資料を提出を求めることができる

（著者による抜粋意訳）

国税庁とは？

国税庁といっても、一般の人にはどういうところなのかなかなかわかりづらいと思われるので、ここで少し国税庁について説明したい。

税金には「国税」と「地方税」がある。国税というのは、国が徴収して使用する税金のことで、法人税、所得税、消費税（8割）などがある。地方税というのは、都道府県や市町村が徴収して使用する税金のことで、固定資産税や自動車税などがある。

そして、国税を司っているのが国税庁なのである。

国税庁の下には、全国11の国税局と一つの国税事務所があり、その下に、524の税務署がある。

国税庁が税務行政に関する方針を決め、国税局はそれを受け、税務署を指導する。一般の方でも、確定申告などで税務署に行くこともあるかと思うが、その税務署が国税庁の出先機関なのだ。

一方、地方税を扱っているのは、都道府県庁や市町村の役所の税務課である。

国税と地方税は、一部が連動しており、税務署で確定申告をした情報が、市民税などに流用されることになっている。これは、法律でそうできるようになっているのだ。

税務署（国税庁）と地方の役所の税務課は、似たような仕事をしているのだが、大きな違いが一つある。

それは「税務調査」である。

日本で行われている税務調査のほとんどは、税務署（国税庁）が行っている。税務署（国税庁）では、税務調査が主要な仕事となっており、人員の約半数が税務調査要員である。地方の役所の税務課にも、税務調査の権限はあるが、地方の役所は時間的、人的な余裕がないため、税務調査を行うことはほとんどない。

つまり、税務調査は税務署（国税庁）の専売特許のようになっているのだ。

原則として、税務調査は管轄する税務署が行うものだが、一定以上の規模の業者に対しては、税務署ではなく国税局が調査を行う。また、悪質で巨額な税金逃れの可能性があるということが見込まれる業者に対しても、税務署ではなく、国税局が調査する。

この税務調査が、国税庁、財務省の大きな権力の源泉となっているのだ。

国税庁の持つ「税務調査権」とは？

国税庁の持っている強大な国家権力「質問検査権」というのは、具体的に言えば、「税務調査をする権利」のことである。

税務調査とは、どういうものか、ここで少しご説明したい。

税務調査とは、税務当局（税務署や地方公共団体など）が、納税者の申告が正しいかどうかをチェックする行為である。

日本の税制は原則として「申告納税制度」というものを採っている。これは、自分の税金は自分で申告して自分で納めるという制度である。

戦前は賦課《ふか》課税制度というものが採られていた。これは、税務当局が各納税者の税金の額を決めて、納税者はその決められた額を支払うというものだ。

それが、戦後の民主化政策によって改められ、「申告納税制度」が採られることになったのだ。

申告納税制度は、納税者に税金を決める裁量が与えられているため、得てして税法よりも低く申告しがちである。それを防ぐために税務当局は税務調査を行うのである。

税務調査には裁判所の許可状をとって行われる強制調査と、それ以外の任意調査がある。強制調査では納税者の同意なしに、あらゆる調査が行われるが、これは脱税額がだいたい1億円以上でなおかつ悪質な場合に限られる。この強制調査を行うのが、査察《ささつ》（いわゆるマルサ）である。

そして、国税庁、税務署が行う税務調査のほとんどは、任意調査である。

任意調査というのは、納税者の同意を得て行われる調査のことであり、税務当局は納税者側の都合を十分に配慮しなければならないことになっている。また任意調査なので、あらゆる事柄について、納税者の同意を得たうえでないと行ってはならないことになっている。

そのため納税者の同意を得ていないのに、勝手に家探しをしたり、納税者の持ち物を触るようなことはできない。

しかし、だからといって、納税者は任意調査を拒否することはできないのだ。

前項でも述べたように、国税庁の職員には、納税者の税金や事業に関する事柄については、質問したり、関係書類を求めたりする権利がある。納税者の都合は配慮されるが、納税者は拒否はできないのである。

つまり、「任意調査」であっても、100%任意ではないのである。

税務調査はどのように行われるか?

税務調査とは実際にどのようにして行われるのか説明したい。

現在、税務署の税務調査の主な対象となるのは、事業をしている者、もしくは企業である。税務調査にはほかにもいろいろな種類があるが、今回は、企業に対する税務調査に絞って説明する。

企業に対する税務調査には、事前通知調査と抜き打ち調査の2種類がある。

任意調査は、すべて事前通知されると思われがちだが、そうではない。マルサの強制調査でなくても、現金商売者などに対しては抜き打ち調査が認められているのである。

まず事前通知調査について。

事前通知調査では、数週間前に税務署から納税者の元へ、「●月●日に税務調査をしたい」というような連絡がある。それを受けて納税者側が日程を検討し、税務署側と調整しながら調査の日取りが決められる。

税務調査は、まずあいさつから始まり、世間話、会社概要の聞き取り調査の順で進んでいく。そして現金のチェック、金庫内のチェックなども行われる。

その後、帳簿や証票類などの調査を行う。

帳簿や証票類は、調査が始まる前に、あらかじめ調査官が「何年分を用意してください」と依頼していることが多い。納税者側はそれを準備しておくのである。

調査官は、これらの聞き取り調査や帳簿調査などで疑問点が生じれば、納税者に問いただしたり、銀行調査（後述）、反面調査（後述）を行ったりすることもある。

そして、課税漏れ、経理誤りなどが見つかれば、それを指摘する。

納税者の規模などによって、若干は異なるが、だいたい事前通知調査の場合はこのような手順で行われる。

中小企業だと短いときは1～2日、普通で3日程度、大企業の場合は数週間に及ぶこともある。

抜き打ち調査とは？

次に抜き打ち調査について、説明したい。

前にも述べたように、マルサの強制調査以外の税務調査は、すべて任意調査であり、納税者の同意が必要である。なので、抜き打ちでの税務調査はできないように思われるかもしれないが、そうではない。

マルサの強制調査でなくても、条件付きで無予告での抜き打ち調査も認められているのだ。

その条件というのは、「現金商売などの場合」である。

「現金商売」というのは、不特定多数の顧客を相手に、現金で商売する業種、小売業やサービス業などを指す。

これらの業種では、売り上げた金を隠してしまえば、どこにも記録が残らず脱税が成立してしまう可能性があるので、特別に抜き打ち調査をすることが認められているのだ。これは、判例でも確定していることである。

抜き打ち調査の場合、税務署は、事前にかなり準備をしている。抜き打ち調査は、納税者に反感を買いやすい調査なので、なるべく事前に情報を集めておいて、納税者に負担がかからないようにするわけだ。

税務署は、ターゲットとなった納税者が、どのくらい儲かっているのか、脱税をしていそうか、ということを事前にチェックする。そして、課税漏れがありそうだという納税者に絞って調査を行うのだ。

この抜き打ち調査では、「現況調査」通称「ガサ入れ」と呼ばれる調査手法をとる。「ガサ入れ」とは、その名の通り、事業所の内部をくまなく調べることである。マルサの小型版のようなものである。しかし、マルサのような強制調査の許可は持っていないので、あくまで納税者の同意のもとに行われる。

この「ガサ入れ」は、納税者の同意のもとに行われるという建前にはなっているが、調査官は数名で押しかけて、半ば強引に「これを見ていいですか?」などと言いつつ、事業所の中を家探しするものである。

納税者が「それは私物です」と言って、見せるのを拒んでも調査官は「私物かどうか判断させてください」などと言って、強引に調べてしまう。合法なのかどうかは微妙なところであり、録画などをされていれば、国税が裁判で負けるような事案もかなりあると思われる。

この「ガサ入れ」は、通常3名以上のチームを組んで行われる。ガサ入れをするときは、納税者が大事なものを隠さないように見張ったり、様々な場所をすばやく同時に調べなければならないので、1人では無理なのだ。

税務署のヒラの調査官でも、年間に数件はこのガサ入れ調査を行う。調査官にとって、ガサ入れ調査は力の発揮どころでもある。ガサ入れ調査が、もっとも脱税額(不正額)が多く見込まれるからだ。

では、これからガサ入れ調査がどのように行われるか、具体的にご紹介していきたい。

筆者がB税務署の法人税担当部門にいて、寿司店Mをガサ入れしたときの話である。

寿司店Mは20年近く営業をしている老舗といってもよいほどの店であり、当時もなかなかの盛況だった。過去に数回、税務調査が行われて、そのたびに不正が発見されていた。現金商売者では、何回摘発されても不正を繰り返す者がけっこう多いのだ。

このときの調査チームは5人編成だった。

上席調査官（ある一定以上の経験年数のある調査官）がチーフとなり、調査官4人が、ガサ入れ実行、見張り、ゴミ収集などの分担をしていた。この編成は、税務署レベルの調査では普通だといえる。

ガサ入れ調査をする前に、まず事前に内偵調査を行う。内偵調査というのは、調査官が客を装って店に入り、店内の状況を確認するものだ。そのときに注文した伝票に、印などをつけておく。後日、調査で店に入った時にその印がついた伝票が保管されていなければ、その店は伝票を破棄しているということになる。伝票を破棄しているということは、その伝票分の売上を抜いているということになるのだ。

もし伝票を破棄していることがわかれば、「何月何日の何時に、こういう注文があったはずだ。その伝票はどこにやった？」と言って、経営者を追求できる。だから、内偵調査のときに伝票に印をつけておくことは重要な「仕掛け」なのだ。

この内偵調査は、かなり費用がかかる。特に寿司店などでは、かなりの飲食代がかかる。基本的には調査費は税務署から出るが、調査担当者が自前で行くこともある。

この調査のときは、チーフの上席調査官が、「家族で会食」を装って内定調査をしていた。家族にとっては無料で寿司を食べられるからうれしいものだが、上席調査官にとっては仕事である。

ガサ入れ調査は事前にどれだけ準備ができたかで、結果が決まるとも言われている。事前に準備していなければ、実地調査の当日に代表者が捕まらずに調査が開始できない、などということになりかねない。

だから代表者の当日の予定や週間の予定なども、あらかじめ調べておかなければならないのだ。また、調査対象者のゴミ収集日などもチェックしなければならない。ゴミ収集日の翌日に調査に入ってしまえば、貴重な情報源であるゴミがなくなっているからだ。

そういう事前準備を終えたのち、調査開始となるわけだ。

その日の朝、調査チームは店の前のあらかじめ見つけていた場所に車を止め、待機していた。

そして予定通り9時ごろ、寿司屋の社長が高級車に乗ってやってきた。

調査チームは一斉に車から飛び出し、まずチーフが社長にこう言う。

「B税務署ですが、今から法人税の調査をさせていただきたい」

社長は一瞬当惑した表情を見せるが、もう何回も調査を受けているので慣れているらしく、「わかりました。どうぞお入りください」と答えた。

ガサ入れは、証拠品を隠したりさせないために、店の中の人の動きを厳重に監視しておかなくてはならない。特に経営者やその配偶者、経理担当者などの動きは、しっかり見張っていなくてはならない。見張りをしつつ、事務所内の書類などを漁りまくるのだ。

チーフの上席調査官を含めた3人の主力部隊は、まず社長の周辺を洗うことになっていた。この店の2階に住居があり、ときどき社長が泊り込んでいるので、まず、その住居を徹底的に調べるのだ。

しかし、社長の住居周辺には、これといった脱税の証拠はなかった。

開店時間の11時までには、調査を終わらせなくてはならないので、調査官たちはだんだん焦ってくる。税務調査は、事業の邪魔をしてはならないということになっているので、よほどのことがない限り営業時間までには引き上げる（重大な不正が見つかったような場合は別だが)。

そのうち、ゴミ収集を担当していた調査官が、ゴミの中から伝票を見つけた。ゴミの中から伝票が見つかれば、調査官としてはしめたものである。先ほども述べたように、伝票を捨てていれば、その伝票の分の売上を除外した可能性が高いからだ。

捨てられた伝票は、十数枚あった。そして案の定、それらの伝票は、売上には計上されていなかった。そこで、「脱税発覚」となったわけだ。

だいたいこれがオーソドックスな「ガサ入れ」の例だといえる。

全国の取引を監視する国税の情報網

「領収書を切る取引は隠せない」

税務の世界ではよくこんなことが言われる。

しかし、なぜ領収書を切った取引は隠せないのか、不思議ではないだろうか？　領収書は別に税務署に提出するわけではない。なのに、なぜ領収書を切った売上は隠せないのか？

その答えは、国税の情報網にある。

調査官たちは税務調査で、調査先の課税漏れを探すこととともに、情報収集にもいそしんでいる。具体的にいえば、調査先の持っている領収書を片っ端からコピーしまくっているのだ。その領収書は、資料化され各地の税務署に流される。だから、あなたが切った領収書が、どこかで税務署の手に渡っているかもしれないのだ。

また税務署の情報網は、全国的につながっている。日本全国の調査官が集めた情報は、一旦、国税庁で集計され、整理されてから全国の税務署に流される。

だから遠隔地の取引だから、地元の税務署にはバレないだろうと思ったら大間違いなのだ。「隠した取引が発見される割合」というのは、遠隔地でも近隣地でもほとんど変わらないのである。

たとえば、次のような構図となる。

仮に機械製造業を営んでいるK社という企業があったとする。K社では、通常は地元の東京での取引がほとんどだった。が、あるとき北海道のD社から注文が入った。

K社では、北海道に売ったものは、税務署にはわからないだろうと思い、その売上を抜いていた。

しばらくして北海道のD社に、税務調査が入った。そのとき、北海道の税務署は、D社がK社から機械を購入したという情報を掴んだ。その情報は、すぐに、東京の税務署に送られる。

東京の税務署では、K社の税務調査の際、当然、その情報を持っていく。K社の調査に行った調査官は、B社に対する売上が計上されていないことに、すぐに気づく。こうしてK社の売上除外は、あっけなく発覚してしまうのだ。

税務署は脱税していなくても会社を潰すことができる

国税庁の「質問検査権」は、応用されるととんでもない強力な武器になる。

そのわかりやすい例が「反面調査」である。

反面調査というのは、調査対象者の取引の相手先を調べることである。

税務調査では、不審な取引が発見されることがしばしばある。

たとえば、A社からB社に、年度末に多額の支払いがあった。この支払いは、実態がよくわからず、A社の架空経費の疑いがある。

取引は相手があることなので、不審な取引が見つかった場合は、まず相手側との整合性を確かめなくてはならない。

A社からB社に支払いがある場合は、B社にとっては、それが売上になる。だからA社の支払い額とB社の売上は一致するはずだ。

もし、A社に支払いがあるのに、B社には売上がなかったとしたら、A社が架空の経費を計上しているか、B社が売上を隠していることになる。

それを調べるのが反面調査なのである。この反面調査は、電話や文書で確認するだけの場合もあれば、調査官が取引先に出向いて調査する場合もある。

この反面調査は、税務署としては当然の調査手法にも見える。

が、これを悪用すれば、とんでもない凶器になってしまうのだ。

反面調査というのは、取引先に対する事業者の信用を失いかねないものである。

税務署から、「●●社との取引について、お尋ねしたい」と電話がかかってきたりすれば、電話を受けた側は当然、「●●社は脱税しているのではないか」と疑うことになるだろう。

だから、この反面調査を大々的にされると、事業者は取引先の信用を失い大きなダメージを受けるのだ。

そのため、極端な話、国税庁はこの反面調査を使って、気に食わない会社や納税者に嫌がらせをする、ということもできるのだ。たとえば、その納税者の取引先すべてに反面調査を行えば、取引先の多くがその納税者に疑いをいだき、今後の取引にも影響が出るはずだ。

実際に、税務署に対して非協力な事業者に、大々的に反面調査を行い、大きなダメージを食らわせるというようなことは、よく行われてきたのだ。

全国の銀行が国税庁にデータを提供する

国税庁の「税務調査権」は、納税者本人に対する質問調査の権利だけではない。

その納税者の資産などを、金融機関などで自由に調査する権利も持っているのである。

そして国税庁は、納税者の資産を調査するために、強力なスキルを数多く持っている。

国税庁（税務署）の調査官は、金融機関に命じれば、納税者の金融資産をすぐに調査をすることができるのだ。

金融機関というのは、税務署の命令には絶対服従の関係にある。

前述したように、金融機関を監督する金融庁も、事実上、財務省の支配下にある。つまり、国税庁も金融庁も、財務省の子会社に過ぎないのだ。

そして金融機関は、金融庁の厳しい監督下にある。

もし法的におかしい事をしたりすれば、即業務停止になる。つまり、金融機関は金融庁に弱いのだ。

だから、金融機関は、金融庁の言うことを非常に素直に聞く。その金融庁の兄弟である国税庁にも、当然、弱い。税務署が調査をしたいと言えば、金融機関はいつでもにこやかに応じざるを得ないのだ。

税務署は「調査依頼書」という紙切れ一枚で、自在に金融機関の中の情報を調査することができる。

つまり、銀行の中にある書類やデータは、事実上、税務署が自由に見ることができるのだ。調査依頼書も、裁判所の許可などは必要なく、税務署で独自に発行できる。しかも、これは税務署長の決裁なども必要なく、現場の調査官が事実上、自由に発行できるのだ。

税務署はいつでも自由に金融機関を調査することができるといっていいのだ。

もし銀行が脱税に加担していたり、銀行自体が課税漏れなどをした場合は、国税庁から強く罰せられる。最悪の場合、その支店を閉鎖したりなどもできるのだ。

そのため、銀行は、国税庁の言うことは何でも聞かなければならない、というような状況になっている。

銀行というのは、脱税者が脱税資産を保管する場所でもある。

隠し口座などを銀行につくっておくことが多いからだ。銀行は、別に脱税に協力しているわけでなくても、脱税に使われていることがままあるのだ。

そのため、国税は、時々、銀行の取引を調査する。銀行は、国税の調査に対して全面的に協力しなければならない。銀行は、自分たちの身の潔白を証明するためにも、国税、税務署の調査に協力せざるを得ないのだ。

もし銀行が、調査に協力しなかったりしたら、その店舗の営業を止めさせて、強制的に調査するなどということもある。もしそうなった場合、支店長のクビは確実に飛ぶといわれている。

国税は違法な方法で金融資産をチェックしている

また国税庁は、違法な方法でも国民の金融資産をチェックしている。

本来、国税庁は、あらかじめ銀行に対しこの者の口座を調べたいと申し出る必要がある。建前としては、いくら国税とはいえ、理由もないのに銀行に行って漠然と、帳票類を調べるわけにはいかないのだ。

しかし、調査ターゲットの名前を銀行に明かすと、銀行からターゲットに調査している事実がばれされてしまうこともある。そのため税務署の調査官は、「ダミーの調査先」をつくって、銀行に調査の了解を取り、横目で「本命のターゲット」の調査をするのだ。

またこの横目には、ターゲットがいない場合もある。

銀行の資料は、脱税情報の宝庫なのである。銀行の資料をくまなく調べれば、脱税に関する情報が、たくさん手に入る。

しかし、前述したように、銀行側は、特定の目的以外には、調査をさせてくれない。それは法律で守られているからだ。

そこで、「ダミーの調査先」をつくって、銀行に調査の了解をとり、銀行の資料を調べまくるのだ。つまり本当は、銀行調査で調べるべき取引はないのに、ただ銀行の資料を見るためにだけ銀行調査をするのである。

そして、このダミー調査では、大きな脱税の端緒が見つかることがしばしばある。

このダミー調査のことを国税庁では、隠語として「横目」と呼んでいる。横目でチラチラと見ながら調査することからこの俗語が使われるようになったのだ。

この横目を使えば、誰の金融資産もくまなく調査することができる。

たとえば、政治家の自宅や事務所の周辺の銀行を手当たり次第に回って、ダミーの銀行調査を行う。そして横目で、その政治家に関係のある者や取引先などでおかしなお金の動きがないかどうかをチェックするのだ。

もし帳簿に載せていない政治献金などがあれば、国税側には一発でわかってしまうのである。

被疑者でなくても尾行などができる

また国税庁は、誰に対しても尾行をしたり、その人の行動を監視したりすることもできる。

税務調査では、事業者の行動をくまなく調べるのが定番の方法となっている。事業者が、いつごろ出勤し、いつごろ退勤するか。またどこに寄って、どんな行動をしているかも調べることがある。

事業で脱税した金をどこかに隠していないかをチェックするためである。

だから、国税庁は事業者の隠れ家や愛人なども把握していることが多い。事業者は、隠れ家や愛人宅にお金を置いていたり、愛人を会社の経理担当にしていることも多いからだ。

事業者の愛人のことを国税庁では「特殊関係人」という隠語で呼ぶ。そういう隠語があるということは、それだけ国税庁が愛人を把握していることが多いということである。

もし警察が、何の容疑もない人を尾行したり行動を監視したりすれば、問題になるはずだ。しかし国税庁の場合は、問題になったというケースを聞かない。「税金に関して疑いがある」という理由をつければ、何でも許されてしまう傾向にあるのだ。

もしかしたら裁判を起こせば、国税庁の「税務調査権の濫用」ということが認められるかもしれないが、今のところそういう裁判が起こされた話はない。またそれは、国税庁側が、相手先に知られないようにしているということでもあるだろう。

国税庁の調査官というのは、そういうスパイのような行動を常日頃から行っている。また相手先に見つからないように、相手のことを調べる方法なども、教育されているのだ。

つまり国税庁の調査官は、スパイと同じような活動をしているのだ。

彼らを使えば、政治家のスキャンダルを掴むことなど簡単である。政治家が財務省に強く出られない理由は、ここにもあるのだ。

全国に5万人いる財務省のスパイ

国税職員というのは、全国で5万人いる。5万人というとかなり多い数である。

この国税職員の実体というのは、これまでなぜかあまり明るみに出てこなかった。警察官の実体は、これまでもけっこう書物などで報じられたりしてきたが、国税職員の実体を明かすものというのは、あまり出てこない。

なぜかというと国税職員は、一般の人々の接触をとても嫌うからだ。

国税の調査官たちは、プライベートでは自分の身分を隠すことが多い。飲み屋などに行っても、よほど懇意な場所以外では、自分が国税の職員であることはほとんど言わない。

なぜ国税調査官たちは、身分を隠すのか？

それには次のような理由がある。

調査官の生活というのは、誘惑に満ちている。

たとえば飲み屋で飲んでいるような場合、同伴の友人がうっかり国税調査官であることを飲み屋のママに話してしまったとき、勘定が普段よりも安くなっていることがある。

「勘定が安くなるならいいじゃないか！」

と思われる人も多いだろう。

しかし、ことはそんな単純ではない。

「飲み屋が勘定を安くする」ということは、税務署に対するラブコールでもあるわけだ。

「勘定を安くするから税金を大目に見てね」ということである。

もちろん国税調査官は、大目に見ることなどはできない。そんなことをしてバレたら、すぐにクビになる。

国税当局としては、国税調査官のそういう非行に目を光らせている。飲み屋で特別待遇を受けていたということがわかるだけで、厳罰の対象となるのだ。

だから国税調査官は、プライベートのとき自分の身分をなかなか明かせない。身分を明かすと、すぐに「優良待遇」を受けてしまうからだ。

だから調査官はプライベートでは、友人はあまりできない。自分の身分を隠さなくてはならないのだから、プライベートで、友人をつくるなどは面倒になるのだ。

また学生時代の友人たちからは、「税金に関する相談」などを持ちかけられることがあり、それに答えることはこれまた守秘義務に反するので、面倒になる。そうやって、プライベートの友人がどんどん減っていくのだ。

国税調査官というのは、非常に不自由で寂しい人種なのである。

が、プライベートであまり友達がいない、自分の身の上話を他人にあまりしないというのは、スパイとしては非常に有利である。財務省としては、彼らの情報をうまく使うことで、日本全体に監視の目を光らせておくことができるのだ。

国税調査官は日々スパイ活動をしている

国税調査官たちは、日常生活の中でもスパイ活動をしているようなものである。脱税の情報を常に追いかけているのだ。

前述のように現金商売をしている事業者では、売上金を抜けば、簡単に脱税をすることができる。

たとえば、伝票も何もつけていないバーがあったとする。店主は客が払った勘定をそのままポケットに入れてしまい、脱税してしまった。こういう方法をとられると、帳簿や記録の上からは、どうやったって脱税を見つけることはできない。

そこで、調査官が客として入ったり、または外から観察したりして、営業状況を調査する。これは内偵調査と呼ばれ、警察の内偵捜査に似たものである。

客として店舗内に入り、繁盛の具合を調べたり、自分の伝票に印などをつけておき、後日実地調査に入ったとき、その伝票が売上に反映されているかどうかで、脱税の有無を確認したりするのだ。

内偵調査は、税務署が企画して行う場合もあるが、調査官が自分の案件のために自費で飲食などをすることもある。上から指示される前に調査官が自分から「脱税しているところはないか」と探すわけだ。

内偵調査というのは、客として店の中に入るばかりではない。

外から店の状況を見張ることもある。警察の張り込みのようなものである。店の近くのあまり目立たないところに車を止め、その中から、店を監視するのだ。そして、客がどれだけ入っているかなどを確認する。

たまには、店のゴミを持って帰ったりすることもある。飲食店では、伝票を捨てるなどして脱税をしていることがあるが、その証拠を税務署に握られないために、ゴミは毎日捨てたり、家に持ち帰って捨てたりしていることもあるのだ。だから、調査官はゴミを漁ることもあるわけだ。

もちろんそんなことをしていれば、周りの人から不審に思われることもある。内偵中に、警察から職務質問を受けたことのある調査官も少なくない。

このように、調査官たちは日々の生活の中で、情報収集をしている。あなたが知らないうちに、近所に住んでいる調査官があなたを見張っているかもしれないのだ。

自分の案件にまったく関係ない状況でも、調査官はスパイ活動をしている。日々の暮らしの中で接している、飲食店、商店、企業、近所の資産家などの情報も常に収集し、税務署に報告しているのだ。

調査官は、実際に脱税を発見した場合だけではなく、重要な情報を収集しただけでも勤務上の評価をされる。だから勤勉な調査官は、日々の暮らしの中でも、脱税の情報を収集しているのだ。

しかも、その情報は、「事業者のビジネス情報」とは限らない。

「●●氏はどこそこに隠れ家がある」

「●●氏はどこそこに愛人をかこっている」

などの情報も調査官たちは報告し、重要なデータとして扱われる。

隠れ家は脱税したカネの隠し場所に使われやすいし、愛人は脱税したカネを握っている可能性があるので、そういう情報は国税にとって貴重なのである。

そういうスパイたちが5万人も全国に散らばっているのだ。

要人や有名人が、どういう生活をしているのか、どこに隠れ家がありどこに愛人がいるのかなどの情報は、すぐに集めることができる。もちろん、スキャンダルの一つや二つは簡単に握ることができるのだ。

国税調査官たちは何をモチベーションにしているのか？

「財務省の犬」となっている国税調査官たちには、どんなモチベーションがあってこのような汚れ仕事をしているのだろうか？

その答えは、カネである。

国税調査官は、通常の公務員よりは若干、給料が高い。その上、退職後には大きな報酬が用意されているのだ。

というのも、国税調査官というのは、約21年間勤務すれば、税理士の資格が得られる。税理士の資格というのは、実は超難関である。士業では司法試験、公認会計士の次に難しいとも言われている。そんな難関の資格が、国税に21年勤務すればもらえるわけだ。高卒の職員であっても、である。こんな美味しい話はない。

昨今でこそ、情報化社会の到来で、無能な税理士はなかなか喰っていけないようになったが、以前は、税理士の資格さえあれば、十分に喰っていけると言われていた。

だから、国税職員のほとんどは、退職した後は税理士になる。

しかも、幹部職員の場合は、さらに美味しい報酬が待っている。

退職時に税理士としての顧問先を斡旋してもらえるのだ。

国税庁の発表では、平成20年7月に退職した国税職員のうち４０２人に、顧問先の斡旋を行ったということである。そのうち、税務署長だった人が２３６人である。１人あたり約８件の顧問先をもらっていたという。月額平均で約50万円である。つまり、署長以上でやめた人は、退職してからすぐに月額50万円の年金をもらえるのと同じことなのだ。しかも、「本当の年金」は別にしっかりもらえるのだ。

この斡旋制度は、国会などで批判され、建前の上では廃止されている。が、現在も内々に続けられていると思われる。

年間３千から４千の企業が、国税ＯＢを顧問として受け入れている。ちょっとした企業には、だいたい国税のＯＢが顧問としてついているが、その背景にはこういう事情があるのだ。

国税庁はむやみに政治家の税務調査はしない

これほど強い国家権力を握っている国税庁（財務省）だが、だからといってむやみに政治家に対して、税務調査を行ったり、脱税で摘発したりはしない。

むしろ、普段は首相や国会議員の税務に関しては、アンタッチャブルといえるほど、まったく触れようとしないのである。

なぜなら、一応、建前の上では、首相や大臣、国会議員は、財務省の上に立つ存在であり、財務省は国会や内閣の指示に従わなければならないからである。また内閣は、財務官僚の人事権も持っている建前となっているので、財務省が政治家を不用意に攻撃すれば、政治家は捨て身になって人事権を駆使し、財務省幹部を総入れ替えするようなこともあり得るからである。

政治家は、財務省から見れば弱者ではあるが、財務省にとっては、「弱者が逆上して刃物を持ち出してきては困る」のである。

だから、例の国会議員の裏金問題が発覚したときも、国税庁はまったく動かなかった。

裏金問題とは、ざっくり言えば、自民党の派閥パーティーにおいて、各議員にパーティー券のノルマが割り振られ、そのノルマ以上の売上があった場合は、派閥から議員に代金がキックバックされていたというものだ。

そして、キックバックされたお金は、各議員の収支報告書に記載されておらず、「裏金化」していた。この裏金化された収入は、税務申告もされていなかった。

収入があったのに税務申告されていないということであれば、普通に考えてもそれは脱税である。

インターネットの世界でも、「収入を帳簿に載せず支出も不明であれば脱税ではないか」という指摘がされており、2024年3月の確定申告期には「確定申告ボイコット」というワードがネットでトレンド入りしていた。2024年10月の選挙で自民党が惨敗したのも、この裏金問題が大きく響いているといえる。

この裏金は、税法に抵触するかどうかというと、「ほぼ黒」だといえる。つまりは、脱税状態になっているのである。

その点については少し説明が必要である。

政治家の収入には、大きく三つの柱がある。一つ目は国からもらう議員としての歳費(報酬)、二つ目は支持者からもらう政治献金、三つ目は党からの助成金である。

この三つの柱のうち、二つ目の政治献金と三つ目の党からの助成金には、事実上、税金が課せられていない。

というのも、支持者からの政治献金や党からの助成金というのは、現在の法律では、政治家個人が受けるのではなく、政治団体が受けることになっているからだ。

つまり献金や助成金は、すべて政治団体の収入ということになる。そして政治団体に対しては、その収入(献金)には税金が課せられないのだ。つまり、政治献金や助成金をいくらもらっても、無税ということになっているのである。

しかし、党からの助成金については、プールしてはならないことになっている。党からの助成金は、「必要な政治活動費をもらっている」という建前があり、もし残額がある場合は、党に返還するか収入として計上するかしないとならない。

国税庁も国会議員に対して、

「政党から支給された政治活動費に残額があれば、それは雑所得になります」と明示していた。

だから、党からの助成金に残額があり、それを税務申告していなければ、「申告漏れ」「課税漏れ」ということになるのだ。

パーティー券のキックバックというのは、党からの助成金にあたるので、これに残額がある場合は、課税漏れになる。

国税庁としては、当然、残額があるかどうかを調査しなければならないはずなのだ。

しかし、国税庁は裏金議員に対して、税務調査をしていない。

そもそも、国税庁は国会議員に対して、通常の事業者に対するような税務調査はほとんど行っていない。国税はその理由として、「政治団体には法人税が課せられないから」と述べている。しかし、この理由は詭弁である。

確かに政治団体には、原則として法人税は課せられていない。しかし政治家個人には、所得税が課せられており、税務署への申告義務がある。もし、その申告におかしな点があれば、税務署は政治家を税務調査することもできるし、その関連から政治団体のカネに斬り込むこともできるはずなのだ。

また国税は本来、政治団体へも税務調査を行う権利を持っている。政治団体は、法人税の申告義務はないが、源泉所得税を払う義務はある。

だから、法人税の税務調査はできなくても、源泉所得税の税務調査はすることができるのだ。実際に、学校など法人税がかからない団体に対しても、源泉所得税の税務調査は行われている。

源泉所得税の調査では、学校の理事などが個人的に費消していないかどうかを徹底的に調べる。学校だけではなく福祉団体などにも、「源泉所得税の調査」は普通に行われている。

源泉所得税の税務調査が行われていないのは、政治団体だけなのだ。

なぜ政治家に対しては、税務調査は行わないかというと前述したように、国税庁は一応、政治家に遠慮しているのだ。

が、国税庁が、本当に「まったく税務調査を行っていないか」といえば、そうではない。

税務調査には、「これから税務調査を始めます」と宣言して行う調査と、隠密裏に行う調査がある。隠密裏に行っている調査については、国税庁はまったく公表していないので、誰にどの程度の税務調査を行っているのかは、まったくわからない。

政治家に対しても、この隠密裏の税務調査を行っていないはずはないのである。

国税庁が政治家を摘発するケースとは？

国税庁は、時折、政治家に税務調査を行ったり、脱税摘発をすることもある。

しかし、強い政治家を本気で怒らせるような税務調査は決して行わない。

勢いの落ちた政治家などに、見せしめ的に税務調査を行い、国税庁の権力の強さを誇示するのである。

たとえば、２０１４年には、こういうニュースが新聞・テレビで配信された。

徳洲会グループに税務調査　国税当局

徳洲会グループを巡る公職選挙法違反事件に絡み、国税当局は14日、グループの法人に対する一斉税務調査を始めた。傘下の複数の医療法人が税制上の優遇措置を受けており、不正な選挙運動に絡むグループ内の資金の流れに問題がないか調べるとみられる。

徳洲会は徳田毅衆院議員（42）＝鹿児島2区＝の2012年衆院選での選挙運動で、グループ内の関連企業からお金を捻出して買収資金に充てたなどとして、議員の親族らが公選法違反罪に問われている。

徳洲会は国税庁認定で法人税が軽減される「特定医療法人」に「沖縄徳洲会」（沖縄県）が指定されるなど、傘下の複数の医療法人が税制優遇を受けている。優遇措置は違法行為がないことなどが条件で、国税当局は一連の事件に絡む資金の流れを詳しく調べるとみられる。

（2014年2月14日　日本経済新聞）

このときの徳洲会というのは、選挙絡みで逮捕者を出していた直後である。

徳洲会の本拠地である徳之島の選挙運動は、昔からその激しさが全国に知られていた。選挙運動にはお金がつきものであり、「徳洲会とカネの問題」というのは、昨日今日始まったことではないのだ。

にもかかわらず、徳洲会はそれまで、国税から何かを指摘されたことはほとんどなかった。徳洲会が政治的に強かったからである。

つまり国税という組織は、「力のあるもの」に対しては決して手出ししないのだ。が、税務調査を受けた当時の徳洲会は、逮捕者を出し、世間的にも叩かれ、いろんな意味で力を失っていた。だからこそ、国税は調査に踏み込むことができたのだ。「力があるもの」が、力を失ったときになって、ハイエナのごとく死肉を貪りに来るわけだ。

こういう例は、ほかにも数多くある。

たとえば、元自民党幹事長の加藤紘一氏に、国税の調査が入ったのも、加藤紘一が自民党に反旗を翻そうとして失敗した「加藤の乱」の後のことである。

加藤紘一氏は、以前から税金に関してグレーの部分があるとマスコミなどで言われていた。が、彼が本当に勢いがあるときには、国税はまったく動こうとしなかったのだ。彼は「加藤の乱」の失敗で政治的な力を失い、政敵により、報復的な意味で税務調査を受けたのだ。

またかつての自民党のドン、金丸信氏が脱税で摘発されたのも、佐川急便からの多額の裏献金事件が発覚した後のことである。金丸氏は5億円もの裏献金を受け、これは贈賄では立件できなかった。

しかし、5億円をもらった事実はあるはずで、それが申告されていないのはおかしいという世論に動かされて、脱税摘発に踏み切ったのだ。しかも故金丸氏が、国会議員でいるうちには、国税は動いていない。彼が世間の批判にさらされ、議員バッジをはずしてから、やおら重い腰を上げたのだ。

このように、財務省や国税庁というのは、首相にも税務調査を行うという強力な国家権力を持っているが、それはなかなか使わない。そして、時折、チラつかせて政治家たちを牽制するのである。

財務省は「徴税権」で政治を支配する

このように「徴税権を持つ」ということは、予算権限を持つのと同等か、それをしのぐような強力な権力である。

これまで述べてきたように、国税庁は、国民全部に対し、「国税に関することはすべて調査する権利」を持っている。国民にはこれを拒否する権利はない。

このような強大な権利を、予算権を持っている財務省が握っているのである。実は、これは非常に恐ろしいことでもある。

「予算というエサをばら撒くことで言うことを聞かせる」
ということのほかに、「徴税検査をチラつかせて言うことを聞かせる」ということができるのだ。

これでは国民も企業も、財務省の言うことを聞くしかなくなる、というものである。

財務省は、旧大蔵省時代からこの強大な国家権力を持っていた。その危険性は、政治家の側も認識していた。

だから1997年の橋本行革の際に、国税庁を大蔵省から切り離せという議論もあった。大蔵省が、国税庁を意のままに操ることが、大蔵省の権力強化につながっていることは明らかだったからだ。

しかし、これは大蔵省のキャリア官僚たちの強硬な反対に遭い、実現できなかった。

橋本首相の行政改革では大蔵省は、名称こそ財務省と変更させられたが、その権力の源泉である。「予算立案」と「税の徴収権」は手放すことはなかったのだ。

そして、前述したように橋本首相の方が大スキャンダルに見舞われ、失脚してしまったのである。

第４章
なぜ朝日新聞は財務省の広告塔になったのか？

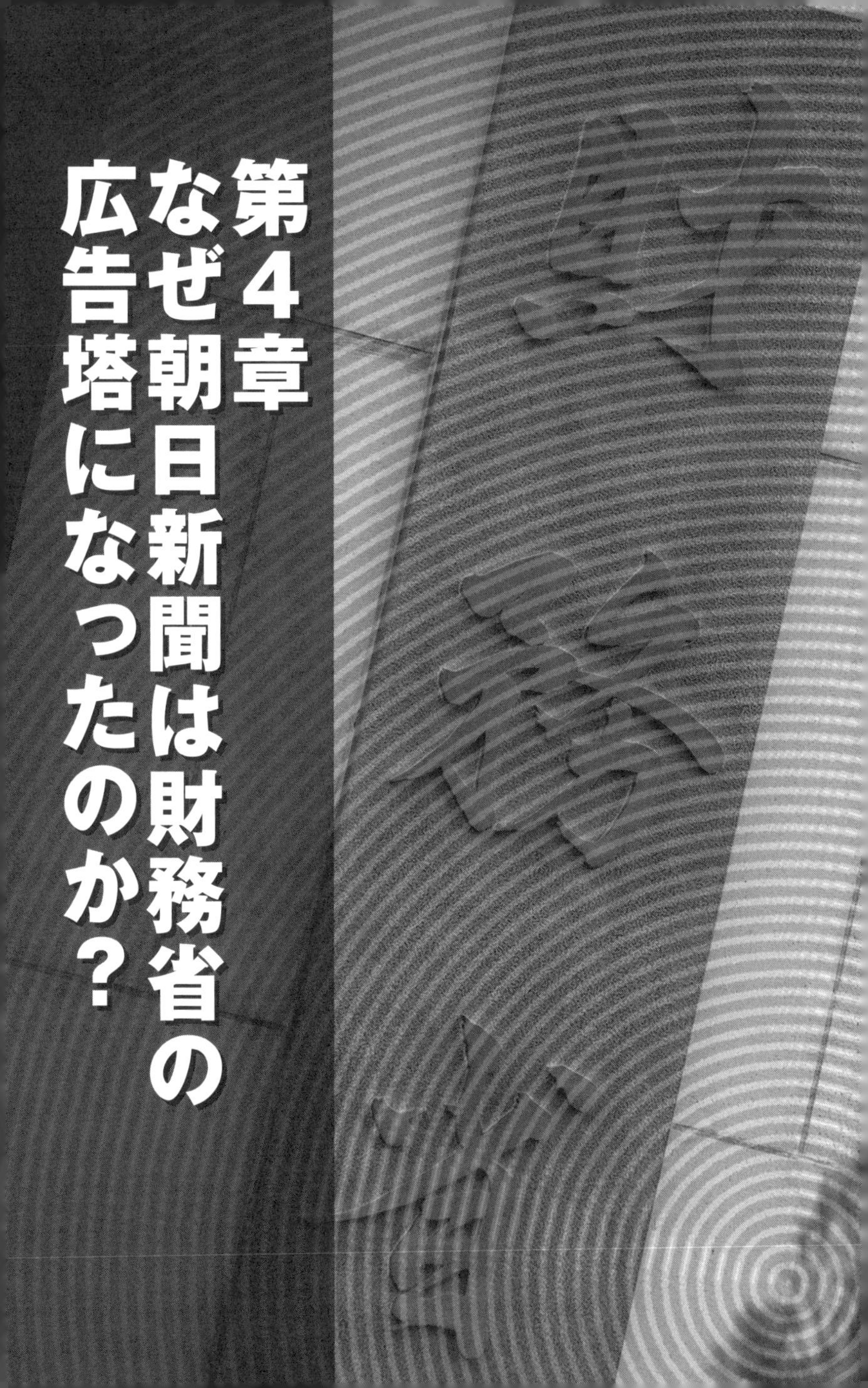

かつては消費税に大反対していた朝日新聞

財務省が「国税庁という武器」をもっともわかりやすく使った例を一つあげたい。

それは朝日新聞に対して、である。

朝日新聞というと、古い世代の人間にとっては、革新派、リベラル思想の新聞であり、政府のやることには反対ばかりしていたイメージがある。しかし、現在の朝日新聞はまったくそうではない。

政府のやること、特に財務省のやることに関しては、批判どころか賞賛するようになったのである。そして、まるで財務省の広告塔のように、財務省のやろうとしていることと、主張していることを喧伝するようになった。

それは、徐々にそうなっていったわけではない。あることがきっかけである。朝日新聞は非常にわかりやすく、ある時点を境に、財務省の広告塔となったのである。

本章では、その経緯をご説明したい。

何度か触れてきたように、財務省は高度成長期以来、「消費税の導入と増税」を至上命題のようにして推し進めてきた。

消費税に関しては、導入時には猛烈な反対運動が巻き起こった。その反対運動の中心にいたのが、朝日新聞なのである。

消費税の原型ともいえる売上税は、朝日新聞が中心となって反対運動が盛り上がり結局廃案に追い込まれたのだ。

売上税というのは、１９８７年に自民党が提案した大型間接税である。

当時、自民党は選挙で大勝し、国会の議席を単独で過半数以上を持っていた。時の首相だった中曽根康弘氏は、ここぞとばかりに消費税の原型である「売上税」の導入を働きかけたのだ。

中曽根康弘首相としては、特に売上税に思い入れがあるわけではないが、大蔵省がうるさく言うので導入に踏み切ったものと思われる。

その売上税に待ったをかけたのが朝日新聞だった。当時、テレビ朝日系列では、「ニュースステーション」という新しい報道番組が非常に人気を博していた。

1985年に始まったこのニュース番組は、「ザ・ベストテン」で人気となったアナウンサーの久米宏氏をキャスターに起用し、久米宏氏の歯に衣着せぬモノ言いと、難しいニュースをわかりやすく解説する番組内容で多くの視聴者の心を掴んだのだ。

「ニュースステーション」は、

「ニュースをテレビショーにした」

「ニュース番組を変えた」

とも言われ、1985年から2004年までの約20年間の視聴率が平均14％を超えるという、超お化け番組でもあった。現在のテレビ朝日のニュース番組「報道ステーション」は、「ニュースステーション」の後継番組である。

朝日新聞は、この「ニュースステーション」とともに、売上税の大反対キャンペーンを繰り広げたのだ。

中曽根康弘首相は、前年に行われた衆議院、参議院の同日選挙において、大型間接税導入の噂を真っ向から否定し、

「この顔が嘘をつく顔に見えますか？」

「大型間接税は導入しない」

と明言していた。

にもかかわらず、選挙で大勝するとすぐに、「ほぼ大型間接税」である「売上税の導入」を推し進めようとしたため、「大ウソつきだ」として、徹底的に批判をしたのだ。これが、ニューステーションの人気とあいまって、社会的なうねりとなり、中曽根内閣の支持率が急落した。

中曽根首相は、参議院の議席が大幅に減ったことから強引に売上税を導入することを躊躇し、結局、売上税は廃案となり、中曽根首相は退陣した。

朝日新聞は消費税の欠陥を徹底的に批判していた

どうしても大型間接税を導入したい大蔵省（当時）は、中曽根氏の後を継いだ竹下首相をけしかけ、「消費税の導入」を決断させた。この消費税導入に関しても竹下首相に特に見識があったわけではなく、大蔵官僚に「これからは大型間接税が必要になる」と吹き込まれただけだった。

当時、衆議院では、まだ自民党が単独過半数を持っていた。売上税騒動の前に大勝した選挙以来、衆議院選挙は行われていなかったからだ。一方、参議院では売上税騒動の影響で、自民党は大きく議席を減らし、単独過半数を割っていた。消費税法案を通すには、状況的にぜひとも参議院を通過させる必要があった。

竹下首相は政策には疎いが根回しは得意であり、根回しで首相になったような政治家だった。

その根回し力を十二分に発揮し、売上税に反対していた野党のうち、公明党、民社党などを切り崩すことに成功した。これによって、「消費税法案」は参議院を通過させることができ、1989年4月1日からの消費税導入が決定した。

この消費税に対しても、朝日新聞は徹底的に批判していた。

たとえば、1988年10月6日の「なぜ消費税に反対が多いのか」と題した社説では次のように述べられている。

「消費税を実施した場合の試算が各方面から出されているが、一致しているのは、今度の税制改革では所得が高い人ほど得をするという点だ。所得税の累進度を下げ、消費税を導入するのだから当然である」

つまり消費税が金持ち優遇税であることを明確に批判しているのだ。

この当時、朝日新聞は、消費税の最大の欠陥である逆進性も繰り返し批判していた。前にも述べたように、消費税は所得が低く、収入のほとんどを消費に充てなければならない貧困層ほど、「収入に対する税負担」が大きくなる逆進税である。

この間接税の「逆進性」という欠点に対し、財務省はほとんど手を打っていなかった。消費税が導入された当初は、すべての品目やサービスに一律３％が課税されていたのだ（一部の福祉商品などは非課税）。

大型間接税を導入しているヨーロッパ諸国などは、税率は高いけれど、食料品や生活必需品は、ゼロに近い税率を設定するなどの適切な配慮があった。

ダイヤモンドにも米にも同じ税率をかけるような乱暴な税金は、世界中どこにもなかったのだ。

この逆進性をカバーするという名目で、政府自民党は一時的に所得税の減税などを行った。

が、その減税も当時の試算では、収入の高い順に国民の６割までは減税となり、収入の低い４割の国民は増税になるということだった。つまりは、収入の低い人ほど、税金が高くなるという逆進性はまったく解決していなかったのだ。

しかも、一時的な減税が終了し、消費税の税率が上げられれば、国民の大半が増税になり、所得税の累進度の低くなった一部の富裕層だけが減税になる。消費税の仕組み上、そうなっているのだ。

消費税導入当時の日本は、一億総中流と言われ、「格差のない社会」「みんながそこそこ豊かに暮らせる社会」を実現していた。しかし、消費税導入とともに格差社会となり、国民のほとんどが、子供二人を育てることさえ大変という、貧しい社会になってしまったのだ。

朝日新聞は、この消費税の欠陥を導入時には明確に認識しており、批判を繰り返していたのだ。

しかし、あるときを境に、この批判をまったくしなくなった。批判をしないどころか、消費税を推奨するようにさえなったのだ。

財務省が禁断の武器を使用

その後、大蔵省は、官官接待やノーパンしゃぶしゃぶなどの不祥事が相次いで発覚し、２００１年には省庁再編に伴い、財務省へと改変させられた。この不祥事に関しても、朝日新聞は大々的に報道を繰り広げた。

省庁再編は、朝日新聞の影響だったともいえるのだ。

が、これ以降、財務省は、禁断の武器を使ってマスコミへの攻撃を開始する。

もちろん、一番のターゲットは朝日新聞だった。

これまでマスコミは、税務上の大きな特権を持っていた。

というのも、マスコミには「取材先の秘匿」という権利がある。取材先を公的機関などに開示しなくていいという権利である。取材先を開示すれば、情報提供者がいなくなる恐れがあり、「情報提供者の保護」というのは、近代国家では当然認められたマスコミの権利である。

この「取材先の秘匿権」は、税務上の特権ともなっていた。国税庁は、それまでマスコミの「取材先秘匿の権利」については、あまり突っ込んだ調査をしなかった。下手にここを突っ込むと「報道の自由を侵害した」として、国税が叩かれることになるからだ。

つまり、取材費については税務署も詳しく調べなかったのだ。それをいいことに、新聞社は「取材費」と称して、社員が豪遊するようなことがたびたびあった。

しかし2001年ごろからは、この秘匿された取材費について、突っ込んだ調査を行うようになったのだ。

国税としては、世間の批判を浴びないように取材費すべてを洗いざらい調べるのではなく、「明らかにおかしい支出」をピックアップした調査を行った。それでも、出るわ出るわという感じで、マスコミ各社の課税漏れ、追徴課税が指摘された。

朝日新聞は、マスコミの中でも特に、税金に緩い体質を持っていた。朝日新聞は、社員の力の強い会社である。朝日新聞では社員の持ち株会が最大の株を持っており、朝日新聞の運営に関しても強い発言力を持っていた。

そのため社員は取材費についてもかなり潤沢に支給されており、その経費処理はかなりルーズだった。つまりは、朝日新聞は全社的に税金にルーズな体質を持っていたのだ。

そこを財務省に衝かれたのである。

２００２年に行われた税務調査では、白紙の領収書を知り合いの飲食店からもらって勝手に数字を書き込んだり、領収書の数字の１を４に書き換えるなど、ほぼ「脱税行為」がいくつも見つかった。

脱税常習犯だった朝日新聞

この財務省の禁断の攻撃については、朝日新聞側にも大きな落ち度がある。

朝日新聞社員たちの税についての意識があまりに低すぎたのである。わかりやすく言えば、税金の誤魔化しがひどすぎたのだ。

朝日新聞は、２０００年代以降、たびたび国税局の調査において、重大な課税漏れを指摘された。２００５年、２００７年、２００９年、２０１２年に、「所得隠し」などをしていたことが報じられている。

特に2009年2月に報じられた脱税はひどいものだった。

その内容というのは、東京国税局の税務調査で、2008年3月期までの7年間に約3億9700万円の所得隠し（仮装隠蔽）をしていたことが、わかったというものだ。この所得隠しのうち、約1800万円は「カラ出張」だった。

カラ出張とは、出張したと見せかけて出張費を経費で落とし、そのお金をほかに流用することである。公務員などがこれを行い、たびたび問題となっていた。それを朝日新聞の記者たちが行っていたのだ。

そして、このときは、「所得隠し」以外にも申告漏れが指摘されており、申告漏れの額は全部で約5億1800万円だった。

課税漏れには、「単なる申告漏れ」と「所得隠し（仮装隠蔽）」の2種類がある。「単なる申告漏れ」というのは、経理のミスや、税法の解釈の誤りで生じるものだ。

一方、所得隠し（仮装隠蔽）というのは、売上を隠したり、架空の経費をでっち上げたりするなどの「不正行為」のことである。不正行為があった場合は、重加算税が課される。

そして、不正行為の額が大きい場合は、「税法違反」で起訴されることになり、それが事件用語においてのいわゆる「脱税」である。

脱税として起訴される所得隠しの金額の目安は、だいたい2億円程度とされている（それより少ない金額でも起訴されることはある）。朝日新聞の所得隠し額は約3億9700万円であり、起訴されてもおかしくない額なのだ。

つまり、朝日新聞は、運よく起訴を免れているだけであり、内容的には刑事事件に該当する「脱税行為」を行っていたのである。

筆者は、元国税調査官であり、いろんな脱税行為、所得隠し行為を見聞きしてきたが、「カラ出張」というのは相当に悪質なものである。かなり素行の悪い企業でも、カラ出張まで行うようなことはめったにない。

このときは朝日新聞もヤバいと思ったらしく、京都総局の当時の総局長を停職処分にしたり、東京、大阪、西部、名古屋の各本社編集局長を減給処分にしている。

また2005年に報じられた所得隠しの内容も、ひどいものだった。子会社に業務委託費の名目で、費用を支払うなどをする、というかなり悪質なものだった。

ロンドンなど海外の子会社に対しておよそ4700万円を業務委託費の名目で支出しており、また名古屋本社では約4000万円を販売経費の名目で支出しながら販売店の所長らとの懇親会の費用などに充てていたという。このとき朝日新聞は11億8000万円もの申告漏れがあり、そのうちの一部は、不正行為があったとして、重加算税が課せられている。

朝日新聞記者たちの脱税体質を衝かれる

通常、課税漏れをする企業というのは、そのお金をプールしていたり、経営者が個人的に貯蓄するというものが多い。しかし、朝日新聞はそうではない。朝日新聞の課税漏れの大きな特徴は、税金を誤魔化して得たお金を記者個人個人が飲み食いなどに使うというところである。

つまりは、記者たち個人個人の税金に関する感覚が緩いということである。

もともと朝日新聞は新聞社の中でも特に不正経理に緩い体質があった。

というのも、朝日新聞は、社員（記者）の力が強いため、社員の経理に関する管理が非常に甘かったのだ。

前述のように朝日新聞の最大株主というのは、「社員持ち株会」である。

朝日新聞は、創業者の一人・村山龍平の親族などが株主になっていると思われがちだが、そうではない。現在は「社員持ち株会」が約25％の株式を保有し最大の株主となっているのだ。創業者一族の村山家や上野家はそれぞれ11％程度しか持っておらず、大きく引き離して「社員持ち株会」が第1位なのである。

つまり朝日新聞は「社員の会社」なのだ。

社員の会社というと「民主的でよい会社」というイメージがある。昨今の利益最優先の経済社会において、社員が最大株主になれば、社員の待遇が改善され、社会全体にはいい影響を与えるだろう。

が、朝日新聞の場合は別である。

朝日新聞は、そもそも大手新聞社という好待遇の会社であり、様々な特権を持ったエリート集団である。もともと特権意識の強い彼らに、さらに大きな特権意識を与えることになっているのだ。

つまり社員がさらに図に乗るということである。

そのため、社員たちは経理に関して順法精神が低い。そして、社員の不正気質がそのまま朝日新聞の脱税体質になっていたのだ。

朝日新聞のこれまでの「所得隠し」の内容を見ても、「カラ出張」や「飲み食い費」など、社員が関連しているものがほとんどである。社員が会社の金を、飲み食いなどに費消し、適当な科目で計上したことが「脱税」につながっているのである。

そこを財務省に衝かれたのだ。

２０１２年3月30日にも、朝日新聞の課税漏れがあったというニュースが報じられている。朝日新聞は、東京国税局から5年間で約2億５１００万円の申告漏れを指摘されたのだ。このときも、不正行為（仮装隠蔽）があり、重加算税が課せられている。

朝日新聞が消費税推進派に転向

そして、この所得隠しが報じられた翌２０１２年3月31日、朝日新聞はまるで財務省に降参するような形で、「消費税増税を推進する」という衝撃的な社説を発表した。

これまで見てきたように朝日新聞は消費税の原型である売上税を廃案に追い込むなど消

費税反対の急先鋒だった。その朝日新聞が一夜にして消費税を推進する立場に変わったのだ。

「税制改革の法案提出　やはり消費税増税は必要だ」

と題されたその社説には、

「高齢化が急速に進むなか、社会保障を少しでも安定させ、先進国の中で最悪の財政を立て直していく。その第一歩として、消費税増税が必要だ。私たちはそう考える。」

と記されており、消費税を強力に推進する内容となっていた。

この社説に、驚いた人も多いはずだ。

また朝日新聞の「消費税推進論」は、世間の人たちが消費税を容認する大きなきっかけともなった。

「いつも国の方針に反対ばかりする朝日新聞でさえ消費税を推進するのだから、消費税の増税はやむを得ないのではないか」

と考えた人も多かったのだ。

また新聞社が、これほど明確に「自分の主張」を行うということは珍しいことでもある。

本来、報道機関というのは「公正中立」でないとならないという建前がある。

これまで述べてきたように、消費税というのは、大企業や富裕層を楽にし庶民を苦しめるという欠陥だらけの税金である。常日頃、「庶民の味方」を標榜してきた朝日新聞としては、異常なことのように思える。

もちろん、朝日新聞が「転向」したことと、「朝日新聞が追徴課税を受けたことによる影響」は、当然、疑われるべきである。

というより、追徴課税の報道があった翌日に、転向を発表するなど、こんなわかりやすい「利に転ぶ姿」はめったにないといえる。

転向の社説のわずか2週間前の2012年3月18日には、朝日新聞は消費税の増税に反対する社説を掲載しているのだ。

「整備新幹線　これで増税が通るのか」と題して、整備新幹線の着工にゴーサインを出した当時の野田政権に対して、「歳出を絞らずに消費税の増税を国民に求めるとは不届きな!」というニュアンスのことを述べているのだ。

ところが、それからわずか2週間後に、冒頭に紹介した2012年3月31日の社説が出されたのだ。

朝日新聞は、「大企業や富裕層の税制優遇」「歳出の削減」などの問題は解決していないことを認めつつ、とにかく消費税は増税しなくてはならないという、強力な消費税推進派の立場に豹変したのである。以下がそのときの社説である。

２０１２年３月31日　朝日新聞社説
「税制改革の法案提出　やはり消費税増税は必要だ」

政府が消費税を柱とする税制改正法案を国会に提出した。

消費税を今の５％から14年４月に８％へ、15年10月には10％へ引き上げる。税収は社会保障の財源とする。

高齢化が急速に進むなか、社会保障を少しでも安定させ、先進国の中で最悪の財政を立て直していく。その第一歩として、消費税増税が必要だ。私たちはそう考える。

しかし、国会でも国民の間でも異論が絶えない。

まず、こんな疑念である。

なぜ増税が必要なのか、なぜ消費税なのか

この問いに答えるために、国の財政の状況を整理しよう。

12年度の一般会計予算で、歳出の総額は90兆円を超す。ところが、税収は42兆円余りしかないので、国債を発行して44兆円以上も借金する。

こんな赤字財政を続けてきた結果、政府の借金の総額は1千兆円に迫り、国内総生産の2倍に及ぶ。

財政悪化の最大の要因は、社会保障費の膨張だ。一般会計では26兆円を超えた。高齢化で医療や年金、介護の給付が伸び続け、国の歳出は毎年1兆円余りのペースで増えていく。多額の借金で社会保障をまかなう構図だ。この財源の「穴」を埋め、将来世代へのツケ回しを改めなければならない。

むろん、ムダを省く工夫が必要だ。分野によっては、給付の大幅な削減も避けられない。一方で、「穴」の大きさを考えると、医療や年金、介護の保険料ではとても追いつかない。ここは税の出番だ。

社会全体で支え合う社会保障の財源には、一線を退いた高齢者から、働く現役組まで幅

広い層が負担し、税収も安定している消費税がふさわしい。

その際、低所得の人への対策を忘れない。所得税や相続税も見直し、所得や資産の多い人への負担は重くする。税制改革の重要なポイントだ。

増税に頼らなくても財源はあるはずだ

行政改革を徹底し、予算の配分を見直し、歳出を絞っていくのは当然のことだ。

この点で野田政権と財務省の無責任ぶりは甚だしい。昨年末には、整備新幹線の未着区間の着工をはじめ、大型公共事業を次々と認めた。

消費増税の実現が最優先となり、与党から相次ぐ歳出要求に抵抗もせず、受け入れた。

独立行政法人や特別会計にもまだまだメスが入っていない。とんでもない考え違いである。

ただ歳出削減には限界があるのも事実だ。一般会計の教育・科学関係費や防衛費、公共事業費、国家公務員の人件費はそれぞれ５兆円前後。大なたをふるっても、多額のお金が出てくるわけではない。

特別会計や政府系の法人が抱える「埋蔵金」も、ここ数年積極的に掘り起こしてきた結果、次第に底を突きつつある。

10兆円を超す積立金を持つ特別会計がいくつか残っているが、それぞれに借金を抱えていたり、将来の支払い予定があったりする。活用しても、一時しのぎにすぎない。

低成長が続くなか、増税しても大丈夫か

エネルギーや環境、農業などで規制緩和を進め、新たな需要と雇用を生み出し、経済を活性化する努力は不可欠だ。

だが、「景気回復を待って」と言っている間に借金はどんどん積み重なる。リーマン・ショックのような激震時には見送るにしても、増税から逃げずに早く決断することが大切だ。

欧州の債務危機では、主要先進国の一角であるイタリアまでが国債相場の急落（利回りの急上昇）に見舞われた。財政は日本よりはるかに健全なのに、投機筋の標的になった。日本の国債は大半を国内の投資家が持っているからといって、価格下落と無縁なわけではない。

イタリアはマイナス成長が懸念されるなか、増税や年金削減に乗り出した。フランスも、ユーロ圏ではない英国も、競って財政再建に着手し、国債への信用を維持しようと必死だ。市場に追い込まれる形での財政再建は厳しい。

国債価格が下がると、新たに発行する分には高い金利をつけないと買ってもらえない。財政はいよいよ苦しくなる。

景気の回復を伴わない金利上昇は、企業も圧迫する。給料が下がり、雇用が失われかねない。そんな状況下で、いま以上の増税が不可避になる。

経済学者でもあるイタリアのモンティ首相は「未来のために犠牲を分かち合って欲しい」と訴え、国民の支持を得て改革への推進力としている。

野田首相は「消費増税に政治生命をかける」と言うが、そのためには、国民が納得できる政策を示さなければならない。

私たちは目を凝らし、厳しく注文をつけていく。

財務省の広告塔になった朝日新聞

この後、朝日新聞は、悪魔に魂を売ったように、すっかり強硬な消費税推進派になってしまう。

消費税の増税を批判するどころか、むしろ政権に増税を急かすようにさえなったのだ。

民主党が消費税増税を決めて選挙で大敗し、その後をついだ自民党安倍政権のときの話である。

前述したように、安倍首相は、決定していた消費税増税を2度も延期した。朝日新聞は、その安倍首相に対し、2018年10月1日に社説で次のように述べているのだ。

「4年前は増税の先送りを決め、『国民に信を問う』と衆院を解散した。16年の参院選の直前には「これまでの約束とは異なる新しい判断だ」として、2度目の延期を決めた。昨年は、増税で得られる税収の使い道を変えるとして、またも国民に信を問う戦略をとった。

来年は統一地方選や参院選がある。政治的な理由で、3度目の延期をすることがあってはならない。」

安倍首相は、この当時、財務省と必死の戦いを繰り広げていた。財務省の意のままにならずに国民生活を守るために、である。

しかし、朝日新聞はその安倍首相の姿勢を真っ向から否定し、財務省の主張をそのままアナウンスしたのである。

何度か触れたが、日本の消費税には、低所得者ほど負担が大きくなる「逆進性」という重大な欠陥がある。朝日新聞も、かつてはこの消費税の「逆進性」をさんざん批判していた。が、もうこのときの朝日新聞は、「逆進性」の問題など一切触れることなく、ただただ消費税増税を引き延ばしている安倍首相を批判しているのだ。つまりは金持ちを優遇し庶民に負担を押し付けるという問題の解決策はまったく見られていないのに、「とにかく消費税を増税しろ」という主張になったのである。

朝日新聞は、財務省の最大の応援団になったのだ。

毒まんじゅうを喰った朝日新聞

ここまで読んでこられた方の中には、「強大な国家権力に屈した朝日新聞」という印象を持たれる方もいるかもしれない。

しかし朝日新聞は、そんな「正義の新聞」ではない。

そもそも朝日新聞自体が強大な利権を持っており、その利権を守ることを第一に考えてきた新聞社でもある。いわば、財務省と「同じ穴のムジナ」なのだ。

そして朝日新聞には「利に転ぶ」という伝統がある。

財務省は、朝日新聞を税務調査でボコボコにする一方で、毒まんじゅうも用意していた。消費税の軽減税率を設定するときに、「新聞」を軽減税率の対象に含めたのである。つまりは、新聞業界は軽減税率の恩恵を受けることになったのだ。

現在、消費税は10％だが、「軽減税率」として生鮮食料品などだけが特別に8％にされている。これは、２０１９年に消費税の税率を8％から10％に上げるとき、一般庶民の負担を少しでも減らすという目的で設定されたのだ。

この８％の軽減税率品目の中に、新聞が含まれているのだ。

これは、実は非常に不自然なことなのだ。

ヨーロッパ諸国などでは、食料品など生活必需品には消費税の税率を低くし、低所得者層の負担を和らげる工夫がされている。

日本でも、消費税導入時から「軽減税率」を設定すべきという意見があったが、どの項目を対象にするかで、各業界の激しい陳情合戦となり、調整力のない日本の政治家たちは「いっそ、みな一緒の税率で」ということになったのだ。

が、消費税が増税されるに従い、軽減税率の必要性を訴える声が大きくなった。ダイヤモンドにもお米にも同じ税率になっているような、雑な消費税を持つ国は、世界中を探しても日本くらいしかないのである。

政治家も官僚もさすがにそのことに気づいて、10％に増税するときに軽減税率を設定しようということになった。

が、２０１９年に設定されたこの軽減税率の対象品目には、大きな謎がある。

軽減税率の主な対象品目は、食品表示法に規定する飲食料品である。食料品は生活必需品なので、これが主な対象にされたことは、不自然なことではない。が、なぜか「宅配の新聞購読料」も軽減税率の対象にされたのだ。

新聞は「軽減税率」で財務省の犬となった

ヨーロッパ諸国の間接税でも、新聞が軽減税率の対象になっているケースが多い。しかし、そのほとんどの場合、新聞だけではなく、書籍も同様に軽減税率の対象になっているのだ。

にもかかわらず、日本の場合は新聞だけが対象になっているのだ。しかもただの新聞ではなく、「定期購読契約が締結された週2回以上発行される新聞」ということになっている。つまりは事実上「宅配されている新聞」だけがターゲットとなっているのだ。

新聞協会は、「新聞に軽減税率が適用されること」について、ホームページで次のように主張している。

書籍、雑誌も含めて、活字文化は単なる消費財ではなく「思索のための食料」という考え方が欧州にはある。イギリス、ベルギー、デンマーク、ノルウェーなど新聞をゼロ税率にしている国もある。欧州連合（ＥＵ）加盟国では、標準税率が20％を超える国がほとんどで、その多くが新聞に対する適用税率を10％以下にしている。

そして、新聞協会は、ヨーロッパ諸国などが設定している新聞の軽減税率のデータを表にして載せている。

これを見ると、世界中で新聞は軽減税率の対象となっているので、日本でも設定してもいいのではないか、と思ってしまう。

が、新聞協会のホームページのデータには、肝心要《かんじんかなめ》のことが抜けているのだ。

というのも、新聞協会の提示したデータを見れば、たとえばイギリスの欄では「標準税率20％　新聞の税率０％」となっているので、あたかも新聞だけを特別扱いしているようなイメージを受ける。が、イギリスの場合、新聞に限らず、書籍も雑誌も同様に０％にしているのである。

欧州諸国のほとんどもイギリスと同様に新聞だけを軽減税率の対象としているのではなく、雑誌や書籍も同様に対象にしているのだ。この「情報は民衆の必需品」という考え方は、多くの人にとって理解できるものだろう。

なぜ日本では「新聞だけ」なのか？　新聞だけが対象になるのであれば、「情報は民衆の必需品」という考え方には合致しない。

しかも、対象になるのは、「定期購読」されているもののみである。コンビニなどで売られている新聞は、対象にならない。なぜ同じ新聞なのに、定期購読だけが対象になっているのか、非常に不可思議である。

日本の現状を見たとき、「新聞の定期購読をしている人」が、低所得者層とはとても言えないはずだ。家計が苦しい場合、新聞の定期購読などがまず削られるはずである。テレビやネットのニュースで代用することができるからだ。

現在、新聞の定期購読をしている人たちというのは、ある程度お金に余裕がある人であり、低所得者層への配慮とは言い難い。

軽減税率の対象品目に、「宅配の新聞」が入っていることは、どう見ても不自然である。

これは、「新聞を軽減税率の対象にすれば新聞が消費税に反対しなくなる」という財務省の見え透いた狙いがあるし、しかも新聞業界は、財務省の狙い通りの対応をしているのだ。

　朝日新聞が社説に「消費税推進」を掲げたときは、まさに軽減税率の対象品目が検討されていたときだった。ただ、このときには対象品目の調整がうまくいかず、２０１４年の増税時には軽減税率の設定は見送られた。

が、２０１９年の軽減税率設定時には、見事に新聞は対象品目に当選したわけである。朝日新聞の社説などに対する、財務省からの論功行賞と言える。

●欧州主要国の新聞、雑誌、書籍の軽減税率

	標準税率	新聞	雑誌	書籍
イギリス	20%	0%	0%	0%
ドイツ	19%	7%	7%	7%
フランス	20%	2.1%	2.1%	5.5%
イタリア	22%	4%	4%	4%
スペイン	21%	4%	4%	4%

第5章 財務省の正体

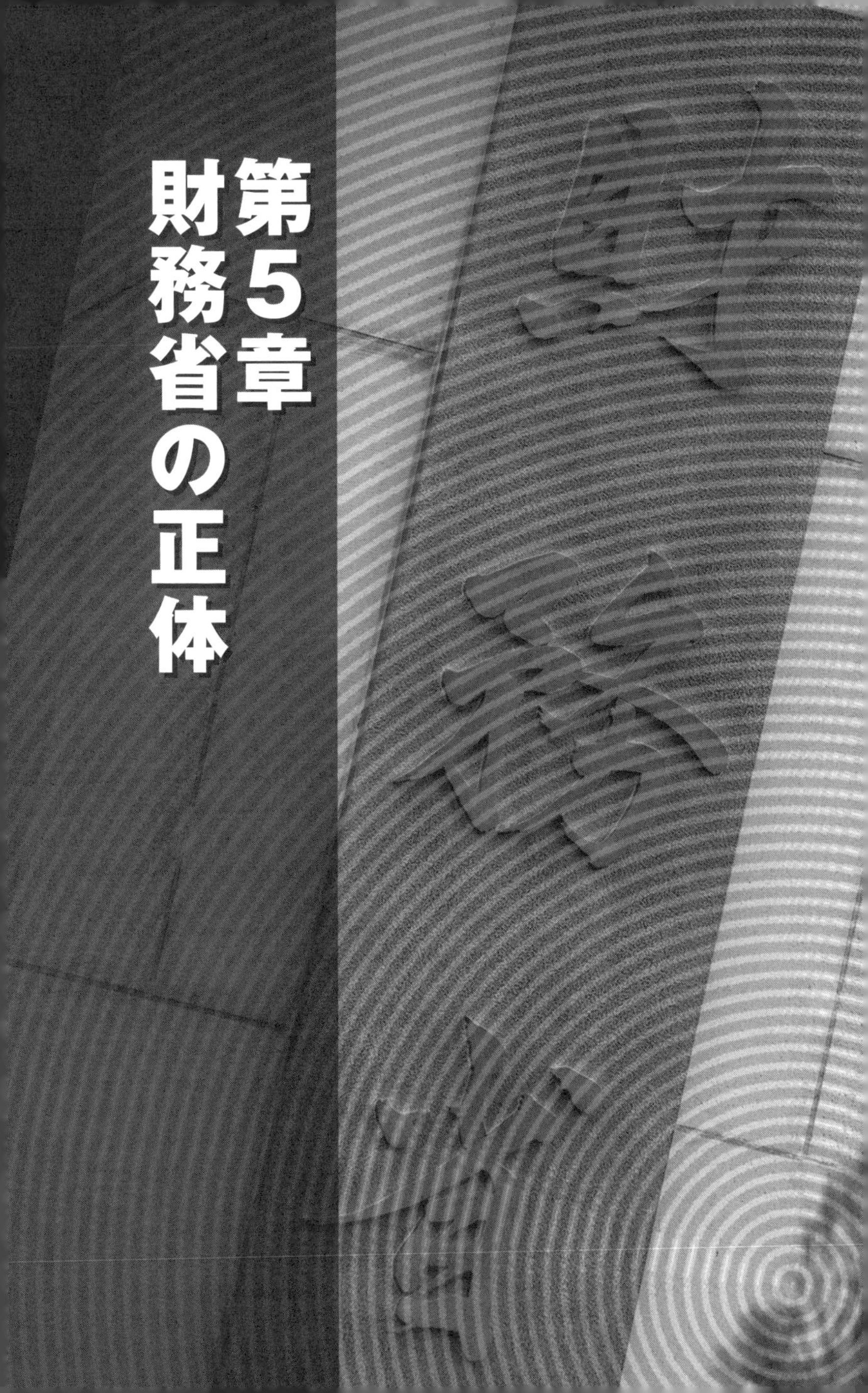

たった800名の「財務キャリア官僚」が国家権力を握っている

これまで述べてきたように、財務省は異常に強い国家権限を持っているが、財務省全体がその国家権力を持っているわけではない。

財務省の中でも、「キャリア官僚」と言われる、わずか800名程度の人たちが、財務省の国家権力のすべてを握っているのだ。この「財務省キャリア官僚」こそが、財務省の正体であり、国家権力の主なのである。

ここで、キャリア官僚とは何なのかについて少し説明したい。

キャリア官僚に関しては、時々、ニュースなどで報じられることもあるが、ざっくり言えば、最上級の国家公務員試験に受かって入省した人たちのことである。

国家公務員になるには、大まかに言って3種類のルートがある。高卒程度の学力試験で入るルート、短大卒程度の学力試験で入るルート、大卒程度の学力試験で入るルートである。

この中で大卒ルートで入るのが、キャリア官僚と言われている人たちである。

この試験は非常に狭き門であり、大卒程度の学力試験とは言うものの、競争率が高いので、超一流大卒程度の学力を必要とする。だから東大出身者の割合が異常に高い。

キャリア官僚というのは、国家公務員全体で１％少ししかいない。

そのキャリア官僚の中でも、トップにいるのが財務省のキャリア官僚なのである。

財務省のキャリア官僚は、全部で８００名程度である。この８００名が、財務省（国税庁を含む）約7万人、税関約1万人、合計8万人などを支配している。というより、国家公務員約60万人を支配下に置いているわけだ。

キャリア官僚は、本省勤務、海外留学、地方勤務、他省庁への出向などを経て、ほぼ全員が本省課長クラスまでは横並びで出世する。その後、出世レースで落ちていく者は、省庁の地方分部局、地方公共団体、外郭団体の幹部職員などになる。

20代後半で係長、30代半ばで課長補佐、40歳までに課長、50代で多くが早期退職して天下りをする。

キャリア官僚以外の人たち、いわゆるノンキャリアは、どんなに頑張っても定年までに課長補佐になれるかどうかというところである。マスコミなどのキャリア批判を受け、近年では、ノンキャリアから課長に抜擢する人数が増えているが、全省庁で100〜200名と、微々たるものである。

そのキャリア官僚の中でもトップに立つ、財務省のキャリア官僚というのは超エリートなのだ。

旧国家公務員I種試験に受かった場合、事実上、成績上位順に、省庁が選べるようになっていた。1位の人は財務省に行く。上位10位までの者も、ほとんどは財務省か、法曹界に行く。

ちなみに、国家公務員I種試験に受かったものの多くは、司法試験にも受かっている。そのため、法曹界に行く者もいるのだ。

国家公務員試験の制度は、2012年から、大幅に改正され、これまで国家I種とされていたものが「総合職試験」、II種、III種とされていたものが「一般職試験」ということになった。

また「総合職試験」には、大学院卒を対象とした「院卒者試験」なども導入された。

採用試験には、政策企画立案能力、プレゼンテーション能力を検証する「政策課題討議試験」なども導入されている。

人事院は、「キャリアシステムと慣行的に連関している採用試験体系を見直し、能力、実績にもとづく人事管理への転換をはかる」としている。

が、どれほど、表面的なことを変えたところで、本質を変えないと意味がない。

財務省キャリア官僚たちが、財務省事務次官、日本銀行総裁、国税庁長官、金融庁長官、その他官庁の要職を占めている限りは、悪弊は何ら変わっていない、ということである。

財務省キャリア官僚の本質は「大企業の代弁者」

財務省の正体を分析する上で、もう一つ欠かせない要素がある。

それは、「財務省キャリア官僚の本質は大企業の犬である」ということだ。

現代の日本では、サラリーマンの税負担が高くなる一方で、富裕層や大企業の税金は、非常に軽減されてきている。

この事実に、多くの方は気づいていない。財務省は、巧妙なプロパガンダでこの事実を隠ぺいしてきたのだ。

なぜ財務省のキャリア官僚たちが、大企業や富裕層を優遇してきたのかというと、単純に、彼らは退職後に天下りするからである。

なぜか財務省キャリア官僚の、官僚としての賃金自体はそれほど高いものではない。むしろかなり安い。

給料自体が一流企業と比べると相当に安いし、しかも公務員の給料形態は「年功序列制度」になっているので、徐々にしか増えていかない。

出世して最高のポストである事務次官に就いても、年収は3000万円程度である。一流企業であれば、年収3000万円程度はざらにいることを見れば、財務省キャリア官僚は、大企業の社員よりかなり安いといえるだろう。

日本の官僚制度では、官僚の待遇は表向きはそれほどよくはない。国民の批判を浴びないためである。

しかし裏では、巨大な好待遇が用意されている。

その最たるものが、「天下り」なのだ。

財務省キャリア官僚たちは、退職した後、様々な企業や団体の顧問になる。

財務省のキャリア官僚のほとんどは、退職後、日本の超一流企業に天下りしているのだ。

たとえば三井、三菱などの旧財閥系企業グループをはじめ、ＮＴＴ関連、トヨタ、ＪＴ（日本たばこ産業）、旭化成、日本生命、ニトリ、伊藤園、プリンスホテル等々、各種の銀行、金融機関など枚挙に暇がない。

大半の一流企業が天下り官僚を何らかの形で受け入れているとさえいえるのだ。

しかも、彼らは数社から「非常勤役員」の椅子を用意されるので、ほとんど仕事もせずにあちらこちらから濡れ手に粟で大金を手にすることができる。

その報酬は桁外れである。この退職後の報酬により、10年足らずで、10億円近く稼ぐ人もいる。

キャリア官僚が、生涯でどれくらいのお金を稼いでいるのか、統計調査などは行われておらず、正確な実態は明らかになっていない。

が、あるキャリア官僚が、「自分の先輩がどのくらい稼いでいるのか」を調査し、記録した資料がある。

週刊朝日の２０１２年8月3日号に載った記事によると、大武健一郎元国税庁長官が、歴代国税庁長官、財務事務次官の01～04年の天下り先と、納めた所得税額を調べた資料があり、それを妻が週刊朝日にリークした。

その資料によると、年間５０００万円以上の報酬を受け取っている者もおり、生涯で10億円稼ぐものも珍しくなかったという。

普通のサラリーマンの生涯収入の4～5倍を、退職後の10年足らずのうちに稼ぐのだ。

彼らは、天下り先を「わたり」歩くことによって、莫大な報酬を手にする。「わたり」というのは、天下り先を数年ごとに変えていき、いくつもわたり歩くということだ。

この「わたり」によって、彼らは短期間で巨額の荒稼ぎをするのである。

財務省キャリア官僚のほとんどは官僚としての報酬よりも、退職後に天下りして受け取る報酬のほうがはるかに大きい。

つまり、彼らの本質は「国家公務員」ではなく、「大企業の非常勤役員予備軍」なのである。

彼らにとって国家公務員というのは、天下り先を得るための準備期間に過ぎないのだ。

だから、彼らは国民生活がどうなろうと、日本の将来がどうなろうと関係なく、自分たちの主人である大企業に有利な政策ばかりを講じてきたのである。

その結果、日本は世界最悪の少子高齢化社会となり、深刻な格差社会となってしまったのだ。

「消費税」はキャリア制度の弊害の象徴

財務省のキャリア制度の弊害が、もっとも顕著に表れているのが、消費税だといえる。

消費税というのは、税を少しでもかじった者ならば、欠陥だらけというのがわかっている。国税職員の多くも、消費税の導入時にその欠陥に気づいていた。

しかし当時の大蔵省のキャリア官僚たちは、消費税を強引に推し進めて導入してしまった。もし、税務行政において、現場の職員たちの声を反映させるシステムがあれば、消費税は絶対に導入されなかったはずだ。

消費税の欠陥というのは、何度か触れたように明らかに不公平ということである。

世界各地に大型間接税はあるが、低所得者や零細事業者にこれほど配慮のない税金というのは、日本の消費税以外にないのだ。

消費税が導入される前、日本には物品税という税金があった。これは贅沢品にかかる税金で、現在の消費税の20％程度の税収があった。そして、この物品税は国民生活に根付いており、重税感もそれほどなかった。贅沢なものを買わなければかかってこない税金だったからだ。

物品税はごく一部の物品にしかかかっていなかったので、この範囲を広げることで消費税程度の税収は得られたのである。

この物品税の廃止には、国税職員の多くが疑問を持った。物品税は、税の徴収システムが完全にできあがっており、これを廃止して消費税を創設することは、税の徴収の観点から見ても効率が悪かったからだ。

にもかかわらず、なぜか物品税を廃止し、消費税をつくってしまったキャリア官僚たちには、明らかに「物事が見えていなかった」のである。

消費税を上げると大企業が喜ぶ

財務キャリア官僚たちが、消費税にこだわる大きな理由として、「消費税というのは大企業にとって非常に有利な税金」だということがある。

というのも、消費税の導入や消費税の増税は、法人税の減税とセットとされてきたからだ。

消費税が導入された１９８９年、消費税が３％から５％に引き上げられた１９９７年、消費税が５％から８％に引き上げられた２０１４年、そのいずれも同時期に法人税の引き下げが行われている。

財界は、常々「消費税を上げて法人税を下げろ」と主張し続けてきた。財界のトップの集まりである「経団連」などは、これを堂々と公言し、サイトなどにアップしている。

そして、財務省はその通りのことを実行してきたのである。

「消費税を上げて、法人税を下げる」

とはどういうことか？

法人税というのは、「儲かっている企業」に対して、「儲かっている部分」に課せられる税金である。

一方、消費税というのは、国民全体が負担する税金である。

「消費税を上げて、法人税を下げる」ということは、「儲かっている企業の税負担を減らし、その分を国民に負担させる」ということなのである。

「儲かっている企業」の集まりである経団連にとっては、万々歳である。

しかしこれは、日本経済を窮地に追い詰めるものだった。

「儲かっている企業の税負担を減らし、その分を国民に負担させる」

ということは、決して日本経済の実情に合っていない。

バブル崩壊以降、日本でのサラリーマンの平均賃金は下がりっぱなしである。その中で、
消費税を上げるとどうなるか？

国民の生活は苦しくなる。当たり前といえば当たり前の話だ。

それは数値としても明確に表れている。

総務省の家計調査によると、２００２年には一世帯あたりの家計消費は３２０万円を超えたいたが、現在は２９０万円ちょっとしかない。国民は消費を10％も削ったということである。

この20年間で、消費が減っているのは、先進国では日本くらいなのだ。

大企業を擁護する財務省のプロパガンダ

このように、財務省は消費税を上げて法人税を下げてきたわけだが、「日本の法人税は世界的に見て高いから、下げられてもいいはず」と思っている人もいるかもしれない。

が、その考えは、財務省のプロパガンダにまんまとひっかかっているのだ。

現在、日本の法人税率は23・２％（国税）である。この法人税率は、確かに先進国の中では決して安くはない。イギリスやドイツのほうが低く、アメリカも減税を行っているので日本よりも安くなっている。

だから財務省はこれを根拠に「日本ではもっと法人税率を引き下げなくてはならない」と主張してきた。

が、騙されてはいけない。

日本の場合、名目の法人税率は高く設定されているが、様々な抜け穴があるために、実質の法人税率は著しく低いのだ。財務省はただただ名目の法人税率だけを振りかざし、「日本の法人税は高い」と吹聴してきたのだ。

日本の実質的な法人税率は、実は驚くほど低い。

次の表は、法人統計調査から抽出した日本企業全体の「経常利益」と法人税収を比較したものである。いずれも、政府が発表しているデータであり、誰でも簡単に確認することができる。

これを見ると、日本企業には経常利益に対して法人税は10％少ししかかかっていないことがわかるはずだ。名目の法人税率は23・2％なので、その6割しか払っていないことになる。

世界的に見ても非常に安い部類である。

タックスヘイブンのレベルだといっていい。

これを見ると、絶対に日本の法人税は高いなどとは言えないはずだ。ぜひ政府の御用学者の方々の弁明をお聞きしたいものである。

	経常利益	法人税収	実質法人税率
2013年	72・7兆円	10・5兆円	14・4％

２０１７年　96・３兆円　12・０兆円　12・５％
２０２２年　95・３兆円　13・３兆円　14・０％
※経常利益は財務省発表の法人企業統計調査より抽出、法人税収も財務省発表資料より

大企業の税金には巨大な抜け穴がある

なぜ日本企業の実質的な法人税率がこれほど低いのかというと、日本の法人税には巨大な抜け穴が存在するからである。

しかも、その抜け穴は、大企業にばかり集中しているのだ。

つまりは、日本では大企業の実質法人税負担率が異常に低いことが、法人税収を大幅に引き下げているのだ。

大企業の法人税の抜け穴は多々あるが、代表的なのは２００３年に導入された「研究開発費減税」と、２００８年に導入された「外国子会社からの受取配当の益金不算入」という制度である。

「研究開発費減税」というのは、簡単に言えば、「試験開発をした企業はその費用の10％分の税金を削減しますよ」という制度である。

限度額はその会社の法人税額の20％である。

「試験開発のための費用が減税されるのはいいことじゃないか」

と思う人も多いはずだ。

しかし、この制度には大きな欠陥というか、カラクリがある。

この研究開発費減税は、実質的には「研究開発費を支出する余裕のある大企業しか受けられない」のである。しかも、研究開発費の範囲が広く設定されているので、製造業の大企業であれば、だいたい受けられるという制度なのだ。

つまり、大まかに言えば、「大企業の法人税を20％下げた」ということである。

実際に、この減税を使っているのは、ほとんどが大企業である。全体の0・1％にも満たない資本金100億円超の企業が減税額の8割を独占しているのだ。

「外国子会社からの受取配当の益金不算入」は、どういうことかというと、外国の子会社から配当を受け取った場合、その95%は課税対象からはずされる、ということである。たとえば、ある企業が、外国子会社から１０００億円の配当を受けたとする。この企業は、この１０００億円の配当収入のうち、９５０億円を課税収入から除外できるのだ。つまり、９５０億円の収入については、無税ということになるのだ。

なぜこのような制度があるのか？

これは、現地国と日本で二重に課税を防ぐ、という目的で、そういう仕組みになっている。外国子会社からの配当は、現地で税金が源泉徴収されているケースが多い。もともと現地で税金を払っている収入なので、日本では税金を払わなくていい、という理屈である。

が、この制度には巨大な矛盾がある。

というのも、二重課税を防止するという意味ならば、外国で払った税金分を控除すればそれで足りるはずだ。しかし、この制度では、「外国でいくら税金を払っているかにかかわらず、配当金のほとんど（95%）を収入に換算しなくていい」ということになっている。

この制度を使えば、実質的にほとんどの多国籍企業が大幅な減税が可能なのだ。

トヨタなどは、この制度ができたおかげで、２００８年から5年間も日本の法人税を払わずに済んだのである。トヨタはこの5年間ずっと赤字だったわけではなく、赤字だったのはリーマンショックの影響を受けた２００９年と２０１０年だけである。それ以外の年は大きな黒字を出している。

考えてみてほしい。

世界中で稼いでいる日本一の大企業が、５年間も日本で法人税を払っていなかったのである。そんな馬鹿なことがあるか！　ということである。

こういう馬鹿なことが生じた最大の理由は、「外国子会社からの受取配当の益金不算入」なのである。


日本の法人税が実質的に低いことの証左は、日本企業の内部留保金を見てもわかる。

日本企業はバブル崩壊以降に内部留保金を倍増させ６００兆円にも達している。国民一人当たり５００万円ものお金を、日本企業は貯め込んでいるのだ。

内部留保金の話をすると、必ず訳知り顔でこういう反論をする人がいる。

「内部留保金というのは、投資などにも使われるお金だから必ずしも企業の預貯金ではない」と。

しかし、日本企業の場合、実際の預貯金残高も異常に膨れ上がっているのだ。

日本企業は、保有している手持ち資金（現金預金など）も３００兆円を大きく超えている。これは、経済規模から見れば断トツの世界一であり、これほど企業がお金を貯め込んでいる国はほかにない。

一般日本人の生活は先進国とは思えないほど、賃金も消費も低下しているのに、企業は世界的に見て異常なほど現預金を貯め込んでいる。

それもこれもせんじ詰めれば、財務省の大企業優遇政策が原因であり、それは財務省キャリア官僚たちの天下りが発端となっているのだ。

少子高齢化も財務省のせい

このように消費税は、日本社会に様々な実害を及ぼしており、「平成の失われた30年」と言われる日本の衰退時期と、消費税の導入時期は完全にリンクしているのだ。

消費税が導入される前までは、日本は「１億総中流」とも呼ばれ、国民全体がそれなりに豊かな生活を享受できていた。今の日本は、国民全体が貧困化し、格差が激しくなっているが、それは消費税導入以降のことなのである。

消費税は、理論的にも、消費を減少させたり格差を広げる性質があり、現実的にも、その通りになっている。つまりは、問題だらけなのである。

この消費税を推奨してきた財務省は、消費税の害について、まったく検証などしていない。

このように、財務省が消費税を強引に導入してきた背景には、「大企業を優遇する」という方針があるのだが、この政策は日本社会に様々なひずみをもたらしてきた。

たとえば現在、日本で深刻な問題となっている「少子化」も、消費税が大きく影響している。

というのも「消費税は子育て世代がもっとも負担が大きい」のである。前述したように消費税というのは、収入における消費割合が高い人ほど、負担率は大きくなる。

そして人生のうちでもっとも消費が大きい時期というのは、大半の人が「子供を育てている時期」のはずだ。そういう人たちは、必然的に収入に対する消費割合は高くなる。

ということは、子育て世代や所得の低い人たちが、収入に対する消費税の負担割合がもっとも高いということになるのだ。

子育て世帯に対しては、「児童手当を支給しているので負担は軽くなったはず」と主張する識者もいる。

しかし、この論はまったくの詭弁である。

児童手当というのは、だいたい一人あたり月１万円、年にして12万円程度だ。

その一方で、児童手当を受けている子供は、税金の扶養控除が受けられない。そのため、平均的なサラリーマンで、だいたい５～６万円の所得税増税となる。

それを差し引くと６～７万円にしかならない。つまり、児童手当の実質的な支給額というのは、だいたい年間６～７万円しかないのだ。

しかも、子育て世代には、消費税が重くのしかかる。

子供一人にかかる養育費というのは、年間２００万円くらいは必要だ。

食費やおやつ、洋服代、学用品などの必需品だけでも平均で２００万円くらいにはなる。

少し遊びに行ったり、ちょっとした習い事などをすれば、すぐに２～３００万円になる。

子供の養育費を２００万円としても、それにかかる消費税額は16万円である。

児童手当では、まったく足りないのだ。

つまり子育て世代にとって、児童手当よりも増税額のほうがはるかに大きいのである。

財務省は少子高齢化を食い止めるためには、子育てがしやすいようにお金を「支給」しなければならないはずなのに、むしろ「搾取」しているのだ。

財務省の他省庁支配の弊害

前述したように、財務省は、国税庁、金融庁、公正取引委員会などを事実上の傘下におさめ、さらにいくつもの省庁の最高幹部ポストを持っている。

一つの省庁が、これだけたくさんの省庁を事実上支配していることなどは、近代国家ではあり得ないことである。

財務省が、複数の省庁を支配下に置いていることは、「各省庁の業務」においても大きな弊害となっている。というのも、財務省のキャリア官僚たちは、支配下にある各省庁に派遣され、しかも派遣先は2~3年おきに変わる。2~3年おきに、まったく別の省庁の幹部ポストに赴任するのだから、まともな仕事などできるわけがないのだ。

財務官僚を受け入れる各官庁の側も、財務官僚が腰かけで幹部ポストに赴任してきて、思い付きで指揮命令を発するのだから、迷惑この上ないのだ。

たとえば、現在の財務事務次官（財務省官僚のトップ）である新川浩嗣氏の略歴を見てみたい。

１９８７年　大蔵省（現財務省）入省
１９８９年　イエール大学に留学
１９９１年　大蔵省証券局
１９９３年　東京国税局館山税務署長
１９９５年　青森県農林部課長
１９９７年　青森県総務部課長
１９９８年　大蔵省主計局
２００２年　大臣官房課長
２００４年　金融庁企画室長
２００７年　大臣官房企画官

２００８年　財務大臣秘書官
２００９年　財務省主計局課長
２０１１年　大臣官房付
２０１４年　財務省主計局総務課長
２０１５年　大臣官房文書課長
２０１６年　内閣審議官
２０１７年　大臣官房審議官
２０１８年　総理大臣秘書官
２０２１年　大臣房室長
２０２２年　財務省主計局長
２０２４年　財務省事務次官

これを見ればわかるように、２〜３年で赴任先の省庁、役職がまったく変わっているのだ。

税務署長をした翌年には青森県に出向し、金融庁、総理大臣秘書官、大臣官房、内閣官房、総理大臣秘書官と、目まぐるしく役職が変わっている。もちろん、それぞれの仕事の内容はまったく違う。

いくら彼らキャリア官僚が「優秀」だと言っても、わずか2～3年でまったく別個の省庁に仕事が変われば、まともに職務が遂行できるはずはないのだ。2～3年というとやっと仕事の概要を覚えるくらいであり、概要を覚えたらすぐ次の役職に移っていくのだ。これでは、まともな仕事ができなくて当然である。

このようにめまぐるしく仕事が変わるのは、財務省側は「いろいろな仕事を経験するため」と言い訳している。

が、もしいろいろな仕事を経験させたいのであれば、末端職員として赴任すべきである。彼らは、いろいろな官庁に「重要幹部」として赴任してくるのだ。いきなり幹部として赴任して、その場所の仕事のノウハウが覚えられるわけはないのだ。

しかし、自分たちは優秀だと思い込んでいる財務省キャリア官僚たちは、わずか2～3年でも十分にいい仕事ができていると信じているのだ。

この財務官僚の各官庁を転々とするシステムというのは、結局のところ、財務省が支配する各官庁を謁見《えっけん》するという意味が強いのだ。

財務官僚を各官庁の幹部ポストに派遣し、財務省の威厳を見せつける。受け入れ先の各官庁は、彼らをまるで貴族のような下にも置かない対応をする。そうやって「我が世の春」を謳歌しているわけだ。

これらの日本官僚の特殊なシステムは、社会の役に立つことなど一つもない。わずか2～3年で業務が変わってしまうのだから、どうやっても「やっつけ仕事」しかできないのだ。「消費税」という世界の悪税も、こういうキャリア官僚たちのやっつけ仕事によって生み出されたものなのである。

ジャニーズ問題も財務省に大きな責任がある

財務省が、いくつもの省庁を横断支配していることの弊害は、日本のあらゆるところに表れている。財務省の権力が大きくなりすぎるというだけではなく、「各省庁の業務がまともに行えていない」のである。

たとえば、あのジャニーズ問題にしても、財務省横断支配の弊害によって生じたといってもいいのである。

ジャニーズ事務所のジャニー喜多川氏が、所属の少年たちに性加害をしているというのは、30年以上も前から暴露本が出され、関連の裁判なども行われ「限りなく黒」という判断が下されていた。にもかかわらず、この情報は一部の週刊誌や書籍が報じるのみであり、30年以上の長きにわたって、これほどの犯罪が「公然の秘密」とされてきた。

ジャニーズは様々な問題があったにもかかわらず、国や官庁は一切、触れてこなかった。特に公正取引委員会が、ジャニーズに対してまったくお咎めをしてこなかったのは、大きな問題だと言える。

公正取引委員会というのは、「独占禁止法」などが遵守されているかどうかを監視し、指導や摘発をすることが主な役目である。独占禁止法は、経済の憲法とも言われるもので、カルテルや談合の禁止のほか、不当な価格操作、抱き合わせ販売、優越的地位の濫用等が禁止されている。

つまり公正取引委員会は、それらの禁止事項に違反していないかを監視する役目を担っているのだ。

ジャニーズ事務所は、この「独占禁止法」に抵触していた可能性が高かった。ジャニーズ事務所はテレビ局などに対し、「ジャニーズをやめたタレントを出演させないこと」を事実上、強制していた。もし、ジャニーズ脱退タレントを出演させた場合は、ジャニーズのタレントを出演させないことをチラつかせたりしていた。

それが原因で、ジャニーズのタレントたちは、なかなかジャニーズをやめられないという状況に置かれていたのだ。ジャニー喜多川氏の性加害事件が何十年も隠蔽され続けてきたのも、この構図があるからだった。

これは明らかに独占禁止法でいうところの「優越的地位の濫用」にあたる。

しかし、公正取引委員会は、ジャニーズ事務所に対してまったく触れてこなかったのだ。もし、公正取引委員会がまともに機能していれば、もっと早く、「ジャニー喜多川氏の性加害」や「ジャニーズ事務所の横暴」を防げたはずなのだ。

中小企業いじめを放置してきた財務省

前述したように公正取引委員会というのは、財務省の下部組織である。

表向きは、公正取引委員会は独立した機関であり、財務省とは何の関係もないことになっている。しかし、公正取引委員会のＮＯ・１である委員長ポストは、財務省キャリア官僚の指定席となっている。また財務省キャリア官僚は公正取引委員会に出向して、幹部ポストに就くことが慣例化しており、ＮＯ・２のポストである事務総長もたびたび財務官僚が就いている。ほかの重要なポストも握っている。

財務省は、表向きは、公正取引委員会とは無関係と装いつつ、最高ポスト、重要ポストを占めることで、事実上の支配をしている。こんなことはちょっと調べれば誰でもすぐわかることなのだが、なぜか今までほとんど批判されてこなかった。

公正取引委員会の重要な役目は、大企業など強い立場の者が、中小企業や請負業者などに不当な圧力を加えないようにチェックするということである。しかし、このチェック機能が日本ではまったく働いていない。

日本では、大企業と中小企業では、収益率や賃金に大きな差がある。それは日本の大企業は下請け企業への報酬を買い叩くなどして、不当に利益を吸い上げていることが大きな要因となっている。

なぜそういうことが日本で許されているかというと、財務省キャリア官僚のほぼ全員が、大企業に天下りするため、大企業に対する監視がほとんどされていないのだ。

ジャニーズ事務所の悪行が放置されてきたのも、この財務省支配システムが要因の一つなのだ。ジャニーズ事務所自体が、財務省キャリア官僚の天下りを受け入れていたのかどうかは不明だが、芸能界というのは、広告業界も含め多くの大企業が関係する業種である。特にテレビ局に関しては、多くの大企業が関連しておりジャニーズ事務所はその中心にいた。

そのため「大企業の横暴は見て見ぬふりをする」という、公正取引委員会の根本方針が発動されたのだ。

つまり、ジャニーズ問題というのは、単にジャニー喜多川氏によって引き起こされた性加害事件というだけではなく、財務省の腐敗が集約されたものでもあるのだ。

捻じ曲げられた税務行政

財務省キャリア官僚の弊害として、もっともわかりやすいのが税務行政である。

日本の税務行政というのは、かなり異常なのだ。

というのも、日本の税務行政では、いかに多くの税金を取るか、一般市民からどれだけ追徴税を取るかということが最優先とされている。

たとえば、国税庁の主な業務である税務調査に、それは顕著に表れている。

税務調査というのは、納税者の出した申告書に不審な点があるときに、それを確認するために行われる、というのが表向きの目的となっている。もちろん、それも税務調査の目的の一つではある。

しかしながら、税務調査の本当の目的はそうではない。

真の目的は、「追徴税を稼ぐこと」である。

実は税務署の調査官というのは、追徴税をどれだけ稼ぐかで、仕事が評価される。だから、必然的に追徴税を取ることが目的となるのだ。

私が税務署員だったころは、各人の調査実績（追徴税の額など）を表にして、職員全員が回覧していた。よく保険の営業所などで、営業社員たちの契約獲得者数が棒グラフにされていたりするが、あれと同じようなものである。

調査官は、追徴税を多く取ることが最大の責務とされている。

税務署の仕事は「公平で円滑な税務行政を行うこと」などという建前はある。しかし、現場の人間が実際に求められるのは、「税金をどれだけ稼ぐか」ということなのだ。

税務調査に行って、課税漏れを見つけると、追徴で課税をする。この追徴税をどれだけ取ってくるかが、調査官の評価を決めるものでもある。

もし追徴税が少ない場合は、上司に怒られたり、先輩に厳しく指導されたりする。自分の給料より、取ってきた追徴税が少ない場合は、「給料泥棒」だとか「お前は国家に損失を与えている」などと言われたりもするのだ。

追徴税の獲得は、個人個人に課せられているだけではなく、部門や税務署同士でも、競い合わされてもいる。税務署内では、各部門が追徴税の多寡で競争している。また各税務署同士も追徴税の多寡で競争している。そして、大きな追徴税を取った調査官たちは、「優秀事績」として発表され、表彰される。

ここまでされれば、調査官たちは嫌でもノルマ達成、追徴税稼ぎに没頭しなければならなくなる。

私が現場にいたのは20年前くらいなので、今は変わっているかもしれないとも思ったのだが、後輩の調査官に聞くと今も昔もまったく変わらないという。

国税庁は、公式には「税務職員にはノルマなど課していない」と言っているが、追徴税をたくさん取ってきたものが出世しているという現実があるので、事実上ノルマはあるといえるのだ。

本当に悪い奴は見逃す

なぜこのようなノルマ主義になっているか、というと、財務省キャリア官僚たちは、税務行政の細かい部分まではわからないので、わかりやすい成果を求め、追徴税というわかりやすい数値ばかりを追い求めるようになっているからだ。

国税調査官のこのノルマ主義は、税務行政をいびつなものにしている。

調査官に課せられるノルマには、追徴税額だけではなく件数のノルマもある。一人あたり年間何件調査する、という目標が定められているのだ。しかもこの件数ノルマが尋常ではないくらい多いのだ。1件の調査に1週間も時間をかけられないほどである。

となると「不正情報を集めて、時間をかけて事実関係を確認する」というような、綿密な調査はできなくなる。本当に悪いことをしている奴を見つけ出すことは難しくなっているのだ。

その一方で、調査官たちは重箱の隅をつついて納税者を騙すようにして追徴課税を取ってくるようになる。それは国税が公表しているデータにも明確に表れている。

税務調査でもっとも指摘されることが多いのは、「売上計上時期の間違い」なのだ。これは、本当は当期に計上しなくてはならない売上を、翌期に計上している、というものだ。税務用語では「期ズレ」（決算期のズレの意味）と言われている。

「売上計上時期を間違っただけなので、それほど悪質ではないのではないか」

「税務署がそんな厳しい処置をするのは、ひどいのではないか」

と思う人も多い。

実際に、税理士会などからは、「売上計上時期を厳しくチェックするのは、重箱の隅つつきだ」と非難されることもある。

税務署も以前は、期末の処理の誤りというのは、今期の税金は安くなったとしても、翌期の利益に加算されるために、それほど厳しい処分をしていなかった。

しかし、昨今の税収不足の煽りを受けて、期末の処理誤りに関しても、厳格に追徴するようになったのだ。

それが、税務行政の実態なのだ。

「税金の払い過ぎ」は黙殺する

税務調査の本来の目的は、適正な申告をしているかどうかのチェックである。申告に誤りがあればそれを是正するのが目的であって、追徴税を稼ぐことではない。

申告の誤りには2種類ある。申告納税額が少なすぎる場合と、申告納税額が多すぎる場合である。税務調査をしたとき発覚するのは、申告納税額が少なすぎる場合ばかりではない。たまに多すぎる場合もあるのだ。

申告額が多すぎたとき、調査官はどうするか？

なんと黙殺するのである。

これは、実は限りなく違法に近い。

税法には、「税務調査では過少申告のときだけ指導しろ」などとは書かれていない。法律的には、過少であろうと過大であろうと、間違いが見つかった場合は正さなくてはならない、となっている。

つまり、過大申告だった場合は、本来は税金を返さなくてはならないはずなのだ。それは追徴税を課すことと同じように、大事な税務署の仕事なのである。

しかし、ほとんどの調査官はこの仕事を放棄している。

稀に、馬鹿正直に、税金を返す調査官もいるが、そんなことをしても、税務署の中ではバカにされるだけなのだ。

これは、国全体の税務行政から見れば、非常に由々しき事態なのである。法の番人であるべき国税調査官が法律通りのことをやっていないわけなのだ。

しかし、税務署の中で、これをおかしいと思っている人はほとんどいない。税務署の中では、「健全な税務行政」などは仕事の目的ではなく、ただ追徴税を取れればいいと考えているのだ。

このように非常に偏重的な考えが、国税の中を支配しているのだが、彼らはそれが偏った考えだとはまったく考えていない。筆者も、国税を辞めるまでは、そういうことにあまり疑問を持ったことはなかった。税金を多く取ることが自分の仕事だと信じていたからだ。国税を辞めてはじめて、非常に偏った価値観を持った組織だったのだ、と気づいた。

なぜマルサは大企業に入らないのか?

しかも、国税庁は大企業には非常に優しいのだ。

国税庁には、マルサ（査察部）という機関がある。巨額脱税を専門に摘発する、国税で最強の機関である。映画やテレビドラマでもたびたび採り上げられるので、ご存じの方も多いはずだ。

マルサというと、巨額な脱税を暴く正義の味方というように見られることも多いようだ。そして、「マルサにはタブーはない」と言われることもある。マルサは、どんな有力企業であろうが、政治家に関係する企業であろうが、憶せずに踏み込んでいく、と。

しかし、これは嘘である。

信じられないかもしれないが、マルサというのは、大企業には絶対に入らないのだ。実際に資本金1億円以上の大企業に、マルサが入ったことはほとんどない。

こんなにわかりやすい「不公平」はないだろう。マルサにタブーがない、ということなど、まったくの都市伝説なのだ。

なぜマルサは大企業に行かないのか？

もちろん、国税庁はその理由を用意している。理由もなく、大企業に入らないのであれば、誰が見てもおかしいからだ。

その理由とはこうである。通常、マルサは1億円以上の追徴課税が見込まれ、また課税回避の手口が悪質だったような場合に、入ることになっている。

しかし、大企業の場合、利益が数十億あることもあり、1億の追徴課税といっても、利益に対する割合は低くなる。

つまり、大企業では1億円程度の脱税では、それほど重い罪（悪質）ではない。

また大企業には、プロの会計士、税理士などが多数ついており、経理上の誤りなどはあまりない、そして大企業の脱税は海外取引に絡むものが多く、裁判になったとき証拠集めが難しい。だからマルサは大企業には入らない、というのだ。

これらの理由は、単なる言い逃れに過ぎない。

確かに、中小企業の1億円と大企業の1億円では、利益に対する大きさが違う。大企業の場合、1億円の脱税をしていても、それは利益の数百分の一、数千分の一に過ぎないので、それで査察が入るのはおかしい、というのはわからないでもない。

が、これは金額の問題なのだから、それならば、大企業の場合は、マルサが入る基準を引き上げればいいだけの話である。

「利益の数％以上の脱税額があれば、マルサが入る」

というような基準をつくればいいだけなのだ。

また「大企業の脱税は海外に絡むものが多く、証拠を集めにくいからマルサが入らない」という理由は言語道断である。

こういう理屈が成り立つならば、海外絡みの脱税をすれば、マルサに捕まらない、ということになる。

だから、国税庁のこれらの理由は「理由になっていない」のだ。

では、なぜマルサは大企業には入らないのだろうか？

それは、大企業が財務省キャリア官僚の天下りを大量に受け入れているからだ。

つまりは、財務省の子分である国税庁と、大企業は、蜜月の関係にあるといえるのだ。大企業にマルサが入らない事実を見るだけでも、日本の税務行政が矛盾の塊であることがわかるはずだ。

そしてこれも大元の原因は「財務省キャリア官僚」なのである。

おわりに

「財務省がすべて悪いわけではない。政治家にも責任があるだろう」

本書を読まれた方の中には、そういう考えを持つ人もいるはずだ。

確かに、財務省がすべて悪いわけではないし、政治家にも大きな責任はある。が、やはりもっとも悪いのは財務省なのである。

選挙で選ばれたわけでもないただの官僚たちが、なし崩しに権力を拡大し、国会や内閣はおろか国全体を牛耳るほどの異常な組織をつくりあげているのだ。本来は国家の会計係に過ぎない官僚たちが、まるで途上国の独裁政権のような強大な国家権力を手にしているのである。

しかも彼らは、その巨大な権力を国民のために使うことなどはせず、「自分たちの権力を維持拡大すること」「天下り先を確保すること」を至上命題としてきた。そのために、日本の政治経済は大きく歪められ、世界でもっとも豊かだったはずの国民は重税と貧困にあえぐことになってしまった。

彼らは選挙で選ばれたわけではないからいくら失政をしても、途中でやめることはないし、まったく民意を反映していない消費税などを強力に推し進めてきた。これ以上ないというほどの「たちの悪さ」を持っているのだ。

現代の日本は目に見えて衰退しており、今、どうにかしなければ、いずれ消滅してしまうかもしれない。それを防ぐために、まず最初にやらなければならないことは、間違いなく「財務省の解体」である。

財務省がなし崩し的に獲得してきた巨大な国家権力をはく奪し、各省庁の独立性を復活させ健全な国家運営を行うこと、それなくして日本の再建はあり得ないのだ。

最後に、かや書房の岩尾悟志氏をはじめ本書の製作に尽力いただいた皆様にこの場をお借りして御礼を申し上げます。

2025年　春

著者

大村大次郎（おおむら・おおじろう）

大阪府出身。元国税調査官。国税局で 10 年間、主に法人税担当調査官として勤務し、退職後、経営コンサルタント、フリーライターとなる。執筆、ラジオ出演、フジテレビ「マルサ!!」の監修など幅広く活躍中。主な著書に『億万長者は税金を払わない』（ビジネス社）、『あらゆる領収書は経費で落とせる』（中公新書ラクレ）、『会社の税金元国税調査官のウラ技』（技術評論社）、『起業から２年目までに知っておきたいお金の知識』『河野太郎とワクチンの迷走』『ひとり社長の税金を逃れる方法』『マスコミが報じない〝公然の秘密〟』『いざという時の生活保護の受け方』『相続は〝普通の家庭〟が一番危ない』（かや書房）など多数。You Tube で「大村大次郎チャンネル」を配信中。

財務省の秘密警察
～安倍首相が最も恐れた日本の闇～

2025 年 5 月 10 日　第 1 刷発行
2025 年 7 月 2 日　第 6 刷発行

著　者　大村大次郎 © Ohjiro Ohmura 2025

発行人　岩尾悟志

発行所　株式会社かや書房
〒 162-0805
東京都新宿区矢来町 113　神楽坂升本ビル 3 F
電話　03-5225-3732（営業部）

印刷・製本　中央精版印刷株式会社

ISBN 978-4-910364-77-3　C0033